UNIDOS PELO CASAMENTO

RINALDO SEIXAS

UNIDOS PELO CASAMENTO

UMA ALIANÇA FIRMADA COM DEUS PARA TODA A VIDA

mundocristão
São Paulo

Publicado por Editora Mundo Cristão

Os textos das referências bíblicas foram extraídos da versão *Almeida Revista e Atualizada*, 2ª ed. (RA), da Sociedade Bíblica do Brasil. Eventuais destaques nas citações bíblicas são do próprio autor.

Dados Internacionais de Catalogação na Publicação (CIP)
(Câmara Brasileira do Livro, SP, Brasil)

Pereira, Rinaldo L. S.

Unidos pelo casamento: uma aliança firmada com Deus para toda a vida / Rinaldo L. S. Pereira. — São Paulo: Mundo Cristão, 2014.

1. Casais — Vida religiosa 2. Casamento — Aspectos religiosos — Cristianismo 3. Cônjuges 4. Relações interpessoais I. Título.

14-09801 CDD-261.8358

Índice para catálogo sistemático:
1. Casamento : Aspectos religiosos : Cristianismo 261.8358
Categoria: Casamento

Publicado no Brasil com todos os direitos reservados por:
Editora Mundo Cristão
Rua Antônio Carlos Tacconi, 69, São Paulo, SP, Brasil, CEP 04810-020
Telefone: (11) 2127-4147
www.mundocristao.com.br

1ª edição: novembro de 2014
3ª reimpressão: 2019

À pessoa mais doce e amorosa que Deus criou. Ela, que recebeu a incumbência de me ensinar, educar, formar e preparar para tudo o que só foi possível graças às injeções de amor e sabedoria que recebi durante toda a minha infância e adolescência. Ensinar pelo exemplo é um dom e uma arte; é a única maneira de fixar lições que serão levadas para o resto da vida. Aprendi a fé, o temor, os princípios e os valores que pautam minha existência com essa mulher, que me inspirou por ser quem sempre foi. Como foi decisivo encontrar em minha família um modelo tão autêntico de cristianismo, serviço, dedicação, humildade e aliança! Dedico esta obra àquela que me amou incondicionalmente e me ensinou o que eu precisava saber para construir meu lar sobre um alicerce sólido: minha mãe, Lídia Colomietz de Seixas Pereira.

Sumário

Agradecimentos

A Deus, pelo privilégio que me concedeu de gastar e desgastar minha vida servindo ao próximo. Sou grato pela alegria de ter nascido em um país com liberdade religiosa e de expressão, pela dádiva de viver entre pessoas que me sustentam em oração, e por meus pais, que me ensinaram o caminho em que aprendi a andar.

À minha esposa, Denise Seixas, por me amar tão intensa e profundamente, por me proporcionar tanta felicidade em meu lar, por ser a mulher virtuosa de Provérbios 31, por aceitar o desafio de, ao meu lado, compor uma história com capítulos por vezes escritos com lágrimas — mas com final feliz.

Aos meus filhos, Nathan, Rinaldo Neto, Raquel e Renan, por me dividirem com minha missão e chamada, por transformarem nosso ambiente familiar num núcleo de aceitação e de recarga emocional e por me ensinarem aquilo que só aprendemos quando somos pais.

Prefácio

Na sociedade em que vivemos, as pessoas casam e descasam com a maior facilidade. A banalização do matrimônio chegou às raias da insanidade, pois parece que o que realmente importa é o próprio bem-estar. Mas o casamento foi instituído por Deus para que as famílias se tornem sólidas e felizes. Deus ama o casamento. Lidar com as diferenças e identificar os papéis nessa instituição divina faz parte do propósito do Senhor para a construção do lar. Um matrimônio é muito mais do que algo que pode realizar o homem, quer seja um representante jurídico ou um sacerdote.

Um acontecimento que nos chamou a atenção e que ficou conhecido em todo o mundo ocorreu quando um dos projetos feitos pelo arquiteto Oscar Niemeyer em Brasília sofreu alteração. Ao tomar conhecimento do fato, ele, imediatamente, entrou em contato com o governo e aquela intervenção em seu projeto foi revogada.

Assim também é com a família, o casamento, o lar. Devemos entender que, quando alguém assume uma família, precisa ter a consciência de que Deus é o criador do matrimônio.

Sem a sua autorização, nenhum ser — na terra ou no céu — pode alterá-lo.

Mergulhe nas páginas desta obra com todas as suas forças. Com certeza elas farão de você uma pessoa mais feliz, abençoada e realizada. Que Deus o abençoe!

Com carinho,

Jorge Linhares
Pastor da Igreja Batista Getsêmani, em Belo Horizonte (MG), escritor e conferencista internacional

Introdução

A cerimônia do meu casamento foi um dos eventos mais marcantes de minha vida. Nunca me esquecerei do tremor dos joelhos diante do altar — na presença de meus pais, amigos e familiares — ao contemplar a beleza da noiva que estava para se tornar minha esposa. Eram sentimentos novos para mim, e havia muita expectativa no ar. Todo início traz consigo a ansiedade de se pisar em terreno desconhecido; há entusiasmo, ânimo e esperança. Começamos, ali, a escrever uma história linda, que dava sequência ao "Era uma vez...". Mas a convivência diária nos mostraria que é preciso usar estratégias para manter a chama acesa e, um dia, poder dizer de fato: "E viveram felizes para sempre".

É comum os recém-casados enfrentarem um longo processo de entendimento da nova realidade. Comigo não foi diferente; e para minha esposa, que saiu de uma cidade litorânea para viver em uma metrópole, foi ainda mais difícil construir um novo lar — imagine as dificuldades para se adaptar a um cenário totalmente novo, que incluía a cidade em que eu morava, minha família, meus amigos e a igreja que eu frequentava. Além disso, é preciso enfrentar os conflitos gerados pela diferença de temperamentos, culturas, hábitos, opiniões e preferências. As adaptações tiveram de acontecer em muitas e diferentes áreas da vida. Naturalmente, tivemos muitos atritos em cada etapa de adaptação.

De imediato, algo que ficou claro para nós foi que muitas das nossas diferenças deixaram de ser detectadas durante o noivado. Nós nos surpreendemos logo nos primeiros meses de casamento com a quantidade de arestas que tínhamos de aparar. Com o passar dos anos, continuamos a descobrir novidades um no outro, em menor intensidade. A tarefa de levantar o edifício chamado *família* é árdua e, se não investirmos tempo para garantir um alicerce sólido, tempestades e ventos fortes podem pôr o prédio abaixo. Minha experiência e também a que adquiri acompanhando muitos casais em aconselhamentos matrimoniais me fizeram ter uma percepção ampla das dificuldades do matrimônio, as quais compartilho neste livro.

Pense no casamento como uma montanha, cujo topo é o alvo de todo casal: a consolidação de um lar equilibrado, marcado por plenitude e paz. Para que esse lar funcione perfeitamente, é preciso aceitar o desafio de escalar a montanha, enfrentando e vencendo cada etapa rumo ao objetivo final. As dificuldades vêm e todo casal enfrenta momentos de tensão. O casamento não é simplesmente um ato a ser consumado, mas um percurso em que os cônjuges são trabalhados e aperfeiçoados a fim de que, juntos, alcancem harmonia, entendimento, alegria e satisfação. Por isso, os obstáculos devem ser vistos como etapas necessárias da caminhada. Afinal, todos sonham com a felicidade conjugal. Ninguém se casa para ser infeliz, e um casamento fracassado é uma das piores frustrações que se pode ter.

Só permanecem casados e felizes os que se comprometem a viver essa jornada de forma integral, com tudo o que ela envolve, inclusive os dissabores. Deus não nos criou para vivermos sós (cf. Gn 2.18): é no cônjuge que encontramos o amor, a ajuda e o apoio para todos os momentos da vida. Salomão, em toda a sabedoria que Deus lhe concedeu, aconselha:

> Melhor é serem dois do que um, porque têm melhor paga do seu trabalho. Porque se caírem, um levanta o companheiro; ai, porém, do que estiver só; pois, caindo, não haverá quem o levante. Também, se dois dormirem juntos, eles se aquentarão; mas um só como se aquentará? Se alguém quiser prevalecer contra um, os dois lhe resistirão; o cordão de três dobras não se rebenta com facilidade.
>
> Eclesiastes 4.9-12

A falta de informação e de disposição para enfrentar os obstáculos leva muitos casamentos à ruína, a ponto de os cônjuges aceitarem a separação como inevitável. Casais em crise parecem escutar uma voz que diz: "Você nunca será feliz com seu cônjuge! É impossível mudar integralmente! O melhor caminho é o divórcio!". Infelizmente, essa mentira tem destruído muitos lares.

Deus não quer a dissolução dos casamentos. A família foi a primeira instituição criada pelo Senhor, estabelecida antes mesmo do Estado e da Igreja. Por isso, ela é a base para todas as outras organizações sociais. Num lar repleto de amor, atenção, segurança e apoio, seus integrantes estarão dispostos a enfrentar todas as dificuldades que surgirem, em prol do núcleo familiar. A sociedade vem mudando o modelo de família e conceitos antibíblicos têm atacado os lares implacavelmente. Maridos, esposas e filhos abandonam suas casas para seguir sonhos por vezes egoístas e hedonistas. Manter a harmonia do lar é um desafio constante que exige investimento, dedicação e a percepção de que Deus é imprescindível. Se seu casamento está em crise e precisa de ajuda, ou se apenas há detalhes que necessitam de melhorias, saiba que Deus tem poder para reconstruir, transformar e renovar: "Como o vaso que o oleiro fazia de barro se lhe estragou na mão, tornou a fazer dele outro vaso, segundo bem lhe pareceu" (Jr 18.4).

Se você está em busca do casamento ideal e deseja construir uma relação cada vez mais sólida com seu cônjuge, comprometa-se com a leitura atenta das páginas deste livro e analise como cada área de seu relacionamento pode melhorar. Esteja com o coração aberto a reconhecer suas falhas e disposto a mudar o que for necessário pelo bem de todos. A autoanálise é uma tarefa difícil, mas necessária. Para realizá-la, o primeiro passo é enxergar com clareza a situação atual de seu casamento. Veja quais das características a seguir definem melhor o seu matrimônio:

- em crise
- em conflito
- centrado em Cristo
- maravilhoso
- precisando de ajuda

- maduro
- imaturo
- íntimo
- crescente
- "Que fase!", "Vamos superar!"
- frio
- impossível
- doloroso
- destruído

Se você percebe que a maioria das características que apontou é positiva, não se deixe acomodar! Todo casamento maduro pode melhorar. Lembre-se que o "bom" é inimigo do "ótimo". Por outro lado, se o conjunto apontou para uma situação problemática, creia que Deus é poderoso para reverter o quadro e conta com seu empenho para promover a transformação. Todo relacionamento destruído pode ser recuperado, afinal: "Tudo é possível ao que crê" (Mc 9.23).

Uma frase de autoria incerta que circula pela internet diz: "Não há nada mais tolo do que fazer as mesmas coisas e esperar resultados diferentes". É uma afirmação bastante sábia, pois, se algo não está bem, é necessário mudar. O vento não muda de direção para fazer o barco avançar, nós é que ajustamos as velas ao vento.

Lembra-se do transatlântico Titanic? O que talvez você não saiba é que, antes de o navio naufragar, a tripulação recebeu seis avisos para diminuir a velocidade e mudar o curso, ou seja, o capitão teve muitas chances de evitar que o pior acontecesse. Do mesmo modo, pode ser que você esteja vendo muitos sinais de que algo precisa ser mudado em seu casamento, mas não esteja dando a devida atenção. Deus cria muitas oportunidades de consertar o que está errado, mas cabe a nós evitar o naufrágio. Não se permita agir como o capitão do Titanic. Antes, analise todas as áreas de seu relacionamento conjugal com extrema atenção.

Cada pessoa é responsável por suas decisões; portanto, não fique inerte se o *iceberg* despontar no horizonte. Não há como mudar o que passou, e você é resultado das escolhas que fez no passado. Se algo está errado em sua vida a dois, permita-se tomar decisões importantes, agora mesmo, que mudarão o curso da história que você está vivendo. Para seu casamento melhorar, você deve assumir sua responsabilidade e, como não pode mudar o outro, deve começar a mudar a si mesmo.

A transformação das atitudes começa com a mudança de mentalidade. Você precisa renovar sua mente, tomar decisões corretas e, então, pô-las em prática. Se for o caso, algumas resoluções que deve tomar podem seguir pensamentos como: "Preciso mudar"; "Vou parar de culpar Deus, os outros e as circunstâncias"; "Tenho de assumir minha responsabilidade"; "Estou arrependido, preciso pedir ajuda a Deus"; e "Preciso ser sincero comigo, com meu cônjuge e com Deus".

Este livro é um guia para casais que estão dispostos a entender a dinâmica do casamento, mudar o que for necessário para que a jornada a dois seja bem-sucedida e, assim, lutar para que, após anos de uma convivência frutífera e prazerosa, haja um final feliz. Ao longo das próximas páginas, reúno toda a experiência que adquiri com os anos em que trabalhei aconselhando centenas de maridos e esposas no processo de restauração de seus lares. Mas não espere milagres: a vitória só será alcançada se a leitura deste livro incentivar você a tomar atitudes práticas, que incluam uma comunhão diária com Deus.

Convido você a fazer a leitura desta obra em oração. Não se esqueça da importância do diálogo em nosso relacionamento com o Senhor, pois Deus transforma corações, restaura lares, reata casamentos e vence batalhas. Divida com o Senhor suas ansiedades e veja a providência que dele virá. Leia este livro meditando no que é dito aqui, refletindo sobre os problemas eventualmente identificados e orando para que Deus ajude você e seu cônjuge a chegar, felizes e em paz, ao topo da montanha. Muitas vezes sofremos porque não apresentamos nossos problemas ao Senhor, negligenciamos a oração e não valorizamos o imenso poder que ela tem. Deus sabe o que se passa em nosso coração, mas quer que dialoguemos com ele. "Não andeis ansiosos de coisa alguma; em tudo, porém, sejam conhecidas, diante de Deus, as vossas petições, pela oração e pela súplica com ações de graças" (Fp 4.6).

Unidos pelo casamento se propõe a despertá-lo para possíveis problemas, muitas vezes imperceptíveis, e propõe soluções para que sua vida conjugal melhore substancialmente. Contudo, o poder transformador, aquele que fala aos corações, vem do Espírito Santo, que capacita, fortalece e transforma. Só uma vida de ação e oração produz transformação sólida, verdadeira e duradoura. Peço a Deus que este livro o ajude a alcançar o alvo.

1

O casamento e seus objetivos

Para falarmos sobre casamento, antes de qualquer coisa precisamos entender os conceitos fundamentais dessa instituição: o que é, por que e com que finalidade foi criada e outros de seus aspectos. Isso é muito importante, pois, se não houver uma visão clara da essência do matrimônio, cometeremos erros básicos e potencialmente fatais. E isso não é uma reflexão para os solteiros: mesmo que você já esteja casado há algum tempo, verá que nunca é tarde para apertar os parafusos caso perceba que há pontos fracos na sua compreensão sobre a vida conjugal segundo a perspectiva bíblica.

Numa definição bem simples, podemos dizer que casamento é a união entre um homem e uma mulher para uma vida de compromisso e serviço mútuo, numa aliança abençoada por Deus. Reparou que, nessa definição, falamos de marido, mulher e Deus? Não foi à toa, pois essa não é uma relação a dois: há um terceiro participante envolvido. Foi Deus quem criou o matrimônio. Ele é o idealizador e o construtor da vida conjugal. Portanto, compreender a participação dele em seu lar é indispensável para a felicidade de toda a família.

Você quer ser feliz no casamento? Deseja ter uma união sólida, duradoura, pacífica, frutífera e cheia de contentamento? Então, fique ligado: as melhores orientações que poderá obter sobre como viver um matrimônio excepcional e bem-sucedido estão na Bíblia. E não poderia ser diferente; afinal, esse livro milenar contém a sabedoria do Deus que criou o homem e a mulher e planejou a união de ambos: "Disse mais o SENHOR Deus: Não é bom que o homem esteja só: far-lhe-ei uma auxiliadora que lhe seja idônea" (Gn 2.18). Assim como recorremos ao manual do fabricante para conhecer a melhor maneira de um eletrodoméstico funcionar, se desejamos ter êxito em nossa vida conjugal, precisamos nos basear no "manual" daquele que idealizou e implementou o casamento.

E o que diz esse "manual", a Bíblia Sagrada? Ainda no início do relato bíblico encontramos algumas informações importantes que falam sobre o propósito do matrimônio. Para começar, descobrimos que as pessoas foram criadas à imagem de Deus e receberam uma alma eterna, o que as distingue dos demais seres vivos e as põe em uma condição única no universo. Além disso, vemos que, desde o princípio, a família foi criada como a instituição mais importante de todas. E, ao analisarmos o relato do Gênesis, fica claro que Deus planejou a união de homem e mulher para que ambos se completassem:

> Também disse Deus: Façamos o homem à nossa imagem, conforme a nossa semelhança; tenha ele domínio sobre os peixes do mar, sobre as aves dos céus, sobre os animais domésticos, sobre toda a terra e sobre todos os répteis que rastejam pela terra.
>
> Gênesis 1.26

> E a costela que o Senhor Deus tomara ao homem, transformou-a numa mulher e lha trouxe. E disse o homem: Esta, afinal, é osso dos meus ossos e carne da minha carne; chamar-se-á varoa, porquanto do varão foi tomada. Por isso, deixa o homem pai e mãe e se une à sua mulher, tornando-se os dois uma só carne.
>
> Gênesis 2.22-24

A união de homem e mulher em matrimônio não é fruto de escolhas aleatórias ou de decisões humanas: essa ideia partiu do próprio Deus. Ele criou os sexos opostos, com suas diferenças e características específicas, para que cada um pudesse suprir o que falta no outro. É claro que essas diferenças, caso não sejam bem administradas, em vez de complementar e unir duas pessoas, podem produzir incompatibilidades e conflitos conjugais. Se marido e mulher não trabalham com sabedoria as áreas complicadas do relacionamento, surgem divisões, em vez de firmar-se a unidade do casal. E isso é um problema, porque as diferenças devem somar, nunca dividir ou subtrair!

Mas não é o que temos visto. O alto índice de divórcios é uma das evidências de que existe muita insatisfação conjugal, uma insatisfação que não tem sido administrada como deveria — do contrário, os problemas seriam resolvidos sem a necessidade de separação. Sejamos realistas: a vida a dois não acontece da maneira perfeita e maravilhosa que vemos nos filmes de Hollywood e nos contos de fadas. Pelo contrário, compartilhar a vida com um ser humano diferente exige determinação, prática diária e entrega de si mesmo ao bem-estar do outro. No relacionamento com outra pessoa, desde o início é possível identificar se existe compatibilidade ou não, e essa descoberta vai se aprofundando com a convivência. No namoro, depois que se adquire bastante conhecimento sobre a outra pessoa, percebem-se suas qualidades e seus defeitos. Quando essa descoberta ocorre com critério, em oração e com maturidade, é possível analisar — ainda no período de namoro e de noivado — se existe entre o casal uma identificação suficiente para permitir a construção de um projeto de vida juntos. Uma vez feito esse diagnóstico, seguir adiante é uma decisão individual.

O casamento pode ser a mais feliz ou a mais medíocre das experiências da vida, depende de como nos conduzimos na vida conjugal. É fato que Deus criou todas as coisas, quis que o homem tivesse uma companheira, instituiu o casamento e nos orienta, pelos ensinamentos bíblicos, sobre como devemos agir com nosso cônjuge. Mas cada casal é responsável por fazer com que o relacionamento conjugal seja prazeroso e bem-sucedido. Quando marido e mulher estão decididos a investir em companheirismo, intimidade, fidelidade, carinho e respeito, são grandes as chances de formarem uma família feliz. As instruções para um casamento dar certo estão na Bíblia; por isso, o que temos de fazer é obedecer aos ensinamentos daquele que criou tudo! Ele ensina o caminho a seguir.

Dúvidas, decepções e frustrações podem levar uma pessoa a concluir que cometeu um erro ao se casar, mas não é bem assim. Entenda: dificuldades e questionamentos sempre surgirão. Um casamento bem-sucedido não se constrói de um dia para o outro; pelo contrário, toda relação conjugal exige que marido e mulher busquem continuamente soluções para os problemas — os grandes e os pequenos. É uma disciplina diária, um esforço ininterrupto. Mesmo os casais que, num primeiro momento, parecem incompatíveis podem aprender a superar as diferenças, desde que haja amadurecimento pessoal para lidar com elas. Uma vez que você se decidiu pela pessoa que estará ao seu lado pelo restante dos seus dias, faça do casamento a experiência mais feliz de sua vida! Busque a orientação de Deus para saber como agir... e aja!

O PAPEL DO HOMEM E O DA MULHER

A Bíblia instrui o homem e a mulher sobre o que fazer para ser bem-sucedidos no relacionamento conjugal. Mas dificilmente alguém consegue seguir todas as orientações bíblicas à risca, porque, na maioria das vezes, criamos expectativas diferentes do ideal divino. Faz parte da natureza humana idealizar o perfeito, mas deve haver um equilíbrio entre expectativa e realidade; caso contrário, haverá frustração à frente. Por isso é tão importante entender o outro e afinar a sua forma de pensar com a do sexo oposto, buscando detectar o que o cônjuge espera de você. Geralmente, nós sonhamos e criamos expectativas, mas não planejamos. A dificuldade de equilibrar o sonho e a realidade esgota as energias, rouba a alegria e diminui o amor pela vida.

Com base em minha experiência de muitos anos em aconselhamento matrimonial, posso afirmar que a mulher vê o casamento como uma possibilidade de encontrar alguém que a faça feliz e um meio de obter segurança financeira, satisfação sexual, o sonho da maternidade, amparo dos filhos na velhice, *status* social, sentimento de pertencimento, fuga da solidão e, até mesmo, escape da autoridade paterna (em lares destruídos). Já no caso do homem, o matrimônio é uma forma de obter satisfação sexual, amparo na velhice, respeito social, filhos (descendência), fuga da solidão e, em alguns casos, é uma maneira de prestar satisfação à sociedade.

Mas como Deus enxerga a finalidade do casamento? A Bíblia descreve, em diferentes passagens, os deveres que Deus estabeleceu para o marido e a esposa, a fim de que vivam um relacionamento familiar de acordo com o propósito divino. É interessante observar que o Senhor deu diretrizes específicas à mulher e ao homem para que satisfaçam as necessidades um do outro — uma satisfação que só pode ser alcançada se houver uma entrega mútua, em amor. Casamento é serviço! Em tudo o que tem a ver com o casamento segundo a Bíblia, fica clara a importância de a mulher *servir* ao marido e de o marido *servir* à mulher.

O livro de Provérbios descreve como deve ser a esposa ideal, uma mulher que serve a Deus, à sua família e ao próximo com dedicação:

> Mulher virtuosa, quem a achará? O seu valor muito excede o de finas joias. O coração do seu marido confia nela, e não haverá falta de ganho. Ela lhe faz bem e não mal, todos os dias da sua vida. Busca lã e linho e de bom grado trabalha com as mãos. É como o navio mercante: de longe traz o seu pão. É ainda noite, e já se levanta, e dá mantimento à sua casa e a tarefa às suas servas. Examina uma propriedade e adquire-a; planta uma vinha com as rendas do seu trabalho. Cinge os lombos de força

> e fortalece os braços. Ela percebe que o seu ganho é bom; a sua lâmpada não se apaga de noite. Estende as mãos ao fuso, mãos que pegam na roca. Abre a mão ao aflito; e ainda a estende ao necessitado. No tocante à sua casa, não teme a neve, pois todos andam vestidos de lã escarlate. Faz para si cobertas, veste-se de linho fino e de púrpura. Seu marido é estimado entre os juízes, quando se assenta com os anciãos da terra. Ela faz roupas de linho fino, e vende-as, e dá cintas aos mercadores. A força e a dignidade são os seus vestidos, e, quanto ao dia de amanhã, não tem preocupações. Fala com sabedoria, e a instrução da bondade está na sua língua. Atende ao bom andamento da sua casa e não come o pão da preguiça. Levantam-se seus filhos e lhe chamam ditosa; seu marido a louva, dizendo: Muitas mulheres procedem virtuosamente, mas tu a todas sobrepujas. Enganosa é a graça, e vã, a formosura, mas a mulher que teme ao SENHOR, essa será louvada. Dai-lhe do fruto das suas mãos, e de público a louvarão as suas obras.
>
> Provérbios 31.10-31

De igual modo, as responsabilidades do marido apontam para uma total dedicação e entrega à esposa:

> Maridos, amai vossa mulher, como também Cristo amou a igreja e a si mesmo se entregou por ela, para que a santificasse, tendo-a purificado por meio da lavagem de água pela palavra, para a apresentar a si mesmo igreja gloriosa, sem mácula, nem ruga, nem coisa semelhante, porém santa e sem defeito. Assim também os maridos devem amar a sua mulher como ao próprio corpo. Quem ama a esposa a si mesmo se ama.
>
> Efésios 5.25-28

A leitura dessas verdades bíblicas deixa claro que o papel do marido e o da mulher em um casamento dizem respeito, antes de tudo, a servir um ao outro. É claro que esse serviço deve ser prestado com base na expectativa mútua. Não adianta servir de acordo com o que é conveniente para si, mas, sim, tendo em mente as necessidades fundamentais do cônjuge. Por isso, precisamos compreender o que exatamente um homem espera de sua mulher e vice-versa. Falhas nesse processo fatalmente resultam em crises conjugais.

CRISES CONJUGAIS

Veja se você se identifica com esta situação: antes de se casar, seu sonho era viver em uma casinha com jardim, cerca de madeira, chaminé, um labrador chamado Marley e dois filhos lindos, além de ter um cônjuge carinhoso, compreensivo, inteligente, ungido, bem-sucedido e simpático. Tudo igualzinho à propaganda de margarina. O tempo passou e, anos depois, você percebeu que o labrador destruiu o jardim, a chaminé entupiu, os dois filhos não param de chorar, o marido ficou careca, o orçamento explodiu, as brigas são constantes, a esposa engordou e não tem tempo para mais nada... O que aconteceu? Simples: a vida seguiu seu rumo. Mais do que identificar a origem das crises familiares, é importante saber como administrá-las.

Todos estamos sujeitos a crises. No entanto, a forma como lidamos com elas determina o sucesso ou o fracasso conjugal. Do mesmo modo que o atrito é um elemento necessário para que duas engrenagens se encaixem e funcionem, conflitos e discussões fazem parte do processo de adaptação. O problema é a crise gerada pelo abismo entre a expectativa e a realidade. A proteção contra o poder devastador das crises começa em nosso relacionamento com Deus. Devemos nos armar espiritualmente a fim de enfrentá-las. Uma vida de devoção, oração, sensibilidade e disciplina espirituais cria um radar para detectar possíveis ameaças e levanta um escudo protetor contra elas. As disciplinas espirituais nos protegem quando estamos em sintonia com Deus, em harmonia e com paz interior. Se vivemos no Espírito, nos comportamos de maneira bem diferente da que adotamos quando estamos "na carne". No Espírito, é possível gerenciar nossas emoções, graças à ação de Deus em nossa vida, com discernimento suficiente para identificar a origem dos problemas e elaborar formas de combatê-los.

Deixe-me agora apresentar algumas sugestões de como você pode se proteger do desgaste conjugal.

- Evite pensamentos extremos: não potencialize a crise, não faça tempestade em copo d'água.
- Valorize os pontos fortes e as qualidades do casamento. Não superestime as falhas nem os defeitos.
- Seu cônjuge nunca será perfeito. Então, aprenda a lidar com as falhas dele.
- Você não pode mudar seu cônjuge, mas pode mudar a si mesmo. Ao mudar suas ações, você notará, com o tempo, que as reações serão positivas. Esse processo é demorado, mas recompensador. Seja paciente!

- Se suas expectativas não são práticas ou realistas, ajuste-as! Não adianta buscar no outro algo que ele não pode oferecer.
- Se você percebe com facilidade as falhas dos outros e não reconhece as suas, inverta os valores: atente para os seus erros.
- O autoengano é a pior ilusão. A autoavaliação é a atitude mais difícil, porém a mais importante.

O casamento não tem de ser um jugo sobre sua vida, mas, sim, uma experiência prazerosa. As mulheres precisam entender que nunca mudarão seu marido pelo muito falar, mas pela oração e por um comportamento exemplar. E os homens não devem tentar impor a sua vontade à força, pois ser sacerdote é diferente de ser intimidador. Esses são erros primários em um relacionamento e, se ambos os cônjuges estiverem vigilantes e evitarem cometê-los, muitos outros serão evitados. Amar não significa atender a todos os pedidos, sobretudo sob intimidação. É triste, mas há homens que agridem verbal e fisicamente sua esposa, pois não compreendem que autoridade é diferente de autoritarismo.

Observe que estar unido em uma só carne não significa que haja domínio de um sobre o outro, do mais forte sobre o mais fraco. Cada um de nós é um indivíduo que deve ser tratado com respeito, uma pessoa distinta e única, com preferências, aversões, sentimentos, expectativas e inclinações. Unidade exige respeito! Mas é preciso entender o significado de *respeito* a fim de não cometer o erro de crer que amar é deixar-se dominar e ser dependente. Existe diferença entre servir e ser escravo: "Por preço fostes comprados; não vos torneis escravos de homens" (1Co 7.23).

Diversos fatores podem desestabilizar um casamento. Dificuldades e angústias podem produzir estresses tão grandes que parece que nem mesmo Deus pode prover uma saída. Total engano! Nenhuma família mencionada na Bíblia teve apenas momentos de alegria, mas nem por isso Deus deixou de cuidar delas. Quando você se distancia espiritualmente do Senhor, não consegue ver que ele se preocupa com você, que está ao seu lado nos momentos de alegria e de aflição, e que ele tem a solução para restaurar a vida conjugal de todo casal. Afinal, não há causas impossíveis para Deus. "Os impossíveis dos homens são possíveis para Deus" (Lc 18.27). O milagre também é possível em seu casamento. Permita que o Todo-poderoso realize o que parece ser impossível em sua vida conjugal, e você ficará admirado com o que ele pode fazer.

Para refletir

A sociedade em que vivemos prega o casamento como meio de satisfação egoísta. É a ideia de que nos casamos para alcançar a felicidade pela obtenção, a qualquer custo, de nosso prazer. É raro vermos, em filmes de cinema e novelas de televisão, histórias em que casais se unem em uma aliança cujo foco é o serviço mútuo. De que modo a influência da mentalidade não cristã tem influenciado a sua vida e o seu matrimônio?

Um desafio para você

Pergunte a casais não cristãos o que é, na opinião deles, o casamento. Compare com o que você aprendeu neste capítulo.

Um desafio para você e seu cônjuge

Identifiquem as práticas realizadas por casais não cristãos que contrariam as orientações divinas. Conversem e verifiquem se alguma dessas práticas faz parte da vida conjugal de vocês.

Oração a dois

Você e seu cônjuge têm uma boa compreensão sobre o que é o casamento do ponto de vista bíblico e quais são seus objetivos? Caso percebam que ainda é preciso avançar nesse entendimento, escrevam aqui seus pedidos de oração e orem juntos sobre o que escreveram.

2

O que é o casamento para Deus?

O Senhor enxerga o casamento, acima de tudo, como uma *aliança*, um pacto firmado entre marido e mulher e entre os cônjuges e Deus. Infelizmente, se você perguntar às pessoas em geral o que é o matrimônio, dificilmente a primeira resposta será "aliança". E, se este for o seu caso, é preciso afinar sua compreensão de casamento com a de Deus — para isso, é fundamental entender muito bem o que é uma aliança do ponto de vista bíblico.

Uma aliança é um compromisso de lealdade. Isso fica claro em passagens da Bíblia como esta: "Porque o SENHOR foi testemunha da aliança entre ti e a mulher da tua mocidade, com a qual tu foste desleal, sendo ela a tua companheira e a mulher da tua aliança" (Ml 2.14). As Escrituras relatam alianças que foram firmadas entre o Criador e a humanidade — grupos ou indivíduos — ao longo da história do mundo. Para entender exatamente por que Deus utiliza esse conceito também para o casamento, é preciso conhecer outras aplicações bíblicas do termo *aliança,* a começar por três definições:

- Aliança é uma disposição soberana de Deus, mediante a qual ele estabelece um contrato incondicional ou declarativo com o homem, obrigando-se, por juramento irrestrito, a conceder, de sua iniciativa, bênçãos para aqueles com quem compactua.
- Aliança é um contrato do qual cada indivíduo toma parte e que passa a dirigir-lhe o comportamento. É um acordo bilateral de obrigação mútua entre as partes.
- Aliança é uma proposta de Deus em que este promete, num contrato com o homem, conforme condições preestabelecidas, conceder-lhe bênçãos especiais, além de executar punições precisas em caso de não cumprimento daquelas condições.

Vemos, então, que alianças podem ser incondicionais ou condicionais. Elas são condicionais quando as bênçãos de Deus estão atreladas ao cumprimento do que foi acordado, ou seja, a obediência ou a desobediência do homem determinará o desfecho da aliança. Já as incondicionais acontecerão soberanamente, porque Deus determinou que assim sejam.

O pastor luterano estadunidense G. N. H. Peters explica que a natureza da aliança é literal: em todas as transações terrenas, quando se estabelece um compromisso (um acordo ou um contrato em que uma parte faz promessas à outra), é de costume universal explicar esse relacionamento e suas implicações pelas leis de linguagem prescritas em nossa gramática. A própria natureza da aliança exige que ela seja formulada e expressa tão claramente que comunique um significado específico, e não algo oculto ou místico.

Na Bíblia, Deus usa as alianças como parâmetro orientador de suas ações. Foi o que fez, por exemplo, com Abraão, Noé e Davi. Na versão Almeida Revista e Atualizada, a palavra *aliança* ocorre 292 vezes no Antigo Testamento e 31 vezes no Novo Testamento. Ela é usada para caracterizar o relacionamento entre indivíduos, entre nações e entre Deus e os homens. Há diversos exemplos de cada um desses casos.

Estas passagens servem para ilustrar casos de aliança entre indivíduos: "Assim, fizeram aliança em Berseba; levantaram-se Abimeleque e Ficol, comandante do seu exército, e voltaram para as terras dos filisteus" (Gn 21.32); "Jônatas e Davi fizeram aliança; porque Jônatas o amava como à sua própria alma" (1Sm 18.3). Os casos de alianças (ou proibição delas) entre nações, por sua vez, incluem: "Não farás aliança nenhuma com eles, nem com os seus deuses. Eles não habitarão na tua terra, para que te não façam pecar contra mim; se servires aos seus deuses, isso te será cilada" (Êx 23.32-33) e "Efraim apascenta o vento e persegue o vento leste todo o dia; multiplica mentiras e destruição e faz aliança com a Assíria, e o azeite se leva ao Egito" (Os 12.1). Já os pactos entre Deus e a humanidade ocorreram em oito principais circunstâncias. Foram alianças de significado especial, que explicam o resultado dos propósitos de Deus para com o homem. São elas: edênica, adâmica, noética, abraâmica, mosaica, palestina, davídica e Nova Aliança. Vejamos os detalhes de cada uma.

Edênica

Estabelecida no Éden, entre o Senhor e Adão, foi a primeira aliança firmada por Deus com os homens. A aliança edênica estava condicionada à obediência de Adão, que rompeu sua comunhão com Deus ao descumpri-la. Como Adão era representante de toda a raça humana, a desobediência dele gerou consequências para toda a humanidade: "E o SENHOR Deus lhe deu esta ordem: De toda árvore do jardim comerás livremente, mas da árvore do conhecimento do bem e do mal não comerás; porque, no dia em que dela comeres, certamente morrerás" (Gn 2.16-17).

A desobediência de Adão permitiu que o pecado entrasse no mundo e fez do homem criatura mortal. Nesta aliança, Adão tinha as seguintes responsabilidades: propagar a raça; sujeitar a terra ao homem; dominar sobre a criação animal; cuidar do jardim e dele se alimentar; abster-se de comer um único fruto, o da árvore do conhecimento do bem e do mal, com a penalidade de morte em caso de desobediência.

ADÂMICA

A aliança adâmica é incondicional e permanecerá até que a própria criação seja redimida do cativeiro da corrupção, para que os filhos de Deus sejam libertos em glória:

> Então, o SENHOR Deus disse à serpente: Visto que isso fizeste, maldita és entre todos os animais domésticos e o és entre todos os animais selváticos; rastejarás sobre o teu ventre e comerás pó todos os dias da tua vida. Porei inimizade entre ti e a mulher, entre a tua descendência e o seu descendente. Este te ferirá a cabeça, e tu lhe ferirás o calcanhar. E à mulher disse: Multiplicarei sobremodo os sofrimentos da tua gravidez; em meio de

> dores dará à luz filhos; o teu desejo será para o teu marido, e ele te governará. E a Adão disse: Visto que atendeste a voz de tua mulher e comeste da árvore que eu te ordenara não comesses, maldita é a terra por tua causa; em fadigas obterás dela o sustento durante os dias de tua vida. Ela produzirá também cardos e abrolhos, e tu comerás a erva do campo. No suor do rosto comerás o teu pão, até que tornes à terra, pois dela foste formado; porque tu és pó e ao pó tornarás.
>
> Gênesis 3.14-19

Esta aliança condiciona a salvação do ser humano caído ao sacrifício de Jesus na cruz do Calvário: "Na esperança de que a própria criação será redimida do cativeiro da corrupção, para a liberdade da glória dos filhos de Deus" (Rm 8.21).

NOÉTICA

O pecado se multiplicou e a humanidade se afastou cada vez mais de Deus. "Então, se arrependeu o SENHOR de ter feito o homem na terra, e isso lhe pesou no coração" (Gn 6.6). Por isso, Deus mandou o dilúvio, mas permitiu que Noé e sua família sobrevivessem e, assim, perpetuassem a espécie, pois "Noé achou graça diante do SENHOR" (Gn 6.8). Quando as águas recuaram, o Criador firmou uma aliança com Noé, a qual reafirmava as condições do homem caído, conforme anunciadas pela aliança adâmica. A aliança noética instituiu, ainda, o princípio do governo humano para reprimir a expansão do pecado, uma vez que a ameaça do juízo em forma de dilúvio foi extinta. Não há anúncio de nenhuma maldição adicional sobre a terra, e o ser humano não deve temer outro dilúvio universal.

> Estabeleço a minha aliança convosco: não será mais destruída toda carne por águas de dilúvio, nem mais haverá dilúvio para destruir a terra. Disse Deus: Este é o sinal da minha aliança que faço entre mim e vós e entre todos os seres viventes que estão convosco, para perpétuas gerações: porei nas nuvens o meu arco; será por sinal da aliança entre mim e a terra. Sucederá que, quando eu trouxer nuvens sobre a terra, e nelas aparecer o arco, então, me lembrarei da minha aliança, firmada entre mim e vós e todos os seres viventes de toda carne; e as águas não mais se tornarão em dilúvio para destruir toda carne.
>
> Gênesis 9.11-15

ABRAÂMICA

A aliança abraâmica teve o propósito de cumprir, por meio de Abraão, o plano de Deus para Israel, providenciando, em Cristo, o Salvador para todos aqueles que creem. "De ti farei uma grande nação, e te abençoarei, e te engrandecerei o nome. Sê tu uma bênção!" (Gn 12.2). O cumprimento final repousa sobre a promessa divina de que o Senhor estaria sempre com seu povo, pois, mesmo que este fosse infiel, Deus permaneceria fiel. Independentemente das escolhas do homem, as promessas de Deus se cumprirão. Esta aliança foi constituída e firmada em três aspectos: a promessa de uma grande nação; a promessa de abençoar ou amaldiçoar os gentios; e quatro promessas pessoais dadas a Abraão (tornar-se pai de numerosos descendentes, receber bênçãos pessoais, obter honras pessoais e tornar-se canal de bênção).

Mosaica

A aliança mosaica foi feita com o povo de Israel para que este tivesse uma Lei: "Agora, pois, se diligentemente ouvirdes a minha voz e guardardes a minha aliança, então, sereis a minha propriedade peculiar dentre todos os povos; porque toda a terra é minha" (Êx 19.5). Ela se divide em três partes, cada uma essencial às demais: os mandamentos, que expressam a vontade de Deus; os juízos, que regulam a vida social de Israel; e as ordenanças, que governam a vida religiosa de Israel.

Palestina

Esta aliança reafirma a promessa de Deus relativa à posse da terra e à herança de Israel. Apesar da infidelidade e da descrença, manifestas tão frequentemente na história desse povo, a aliança não foi anulada. É uma confirmação e uma ampliação do pacto originalmente feito com Abraão.

> Quando, pois, todas estas coisas vierem sobre ti, a bênção e a maldição que pus diante de ti, se te recordares delas entre todas as nações para onde te lançar o Senhor, teu Deus; e tornares ao Senhor, teu Deus, tu e teus filhos, de todo o teu coração e de toda a tua alma, e deres ouvidos à sua voz, segundo tudo o que hoje te ordeno, então, o Senhor, teu Deus, mudará a tua sorte, e se compadecerá de ti, e te ajuntará, de novo, de todos os povos entre os quais te havia espalhado o Senhor, teu Deus.

> Ainda que os teus desterrados estejam para a extremidade dos céus, desde aí te ajuntará o SENHOR, teu Deus, e te tomará de lá. O SENHOR, teu Deus, te introduzirá na terra que teus pais possuíram, e a possuirás; e te fará bem e te multiplicará mais do que a teus pais. O SENHOR, teu Deus, circuncidará o teu coração e o coração de tua descendência, para amares o SENHOR, teu Deus, de todo o coração e de toda a tua alma, para que vivas. O SENHOR, teu Deus, porá todas estas maldições sobre os teus inimigos e sobre os teus aborrecedores, que te perseguiram. De novo, pois, darás ouvidos à voz do SENHOR; cumprirás todos os seus mandamentos que hoje te ordeno. O SENHOR, teu Deus, te dará abundância em toda obra das tuas mãos, no fruto do teu ventre, no fruto dos teus animais e no fruto da tua terra e te beneficiará; porquanto o SENHOR tornará a exultar em ti, para te fazer bem, como exultou em teus pais; se deres ouvidos à voz do SENHOR, teu Deus, guardando os seus mandamentos e os seus estatutos, escritos neste Livro da Lei, se te converteres ao SENHOR, teu Deus, de todo o teu coração e de toda a tua alma.
>
> Deuteronômio 30.1-10

DAVÍDICA

A aliança davídica anunciou que a descendência de Davi reinaria para sempre, por meio de Jesus: "Porém a tua casa e o teu reino serão firmados para sempre diante de ti; teu trono será estabelecido para sempre" (2Sm 7.16); "Com respeito a seu Filho, o qual, segundo a carne, veio da descendência de Davi" (Rm 1.3). O reino de Davi estabelece os fundamentos do reino de Deus na terra: a promessa de posteridade na casa de Davi; um trono simbólico de autoridade real; um reino, ou governo, sobre a terra; e a certeza de cumprimento desse pacto (pois as promessas feitas a Davi "serão estabelecidas para sempre").

Nova Aliança

Na Nova Aliança é garantida uma revelação pessoal do Senhor a cada pessoa que vier a crer. Ela assegura esquecimento completo dos pecados e repousa sobre uma redenção consumada, por meio de Cristo: "E, de fato, repreendendo-os, diz: Eis aí vêm dias, diz o Senhor, e firmarei nova aliança com a casa de Israel e com a casa de Judá" (Hb 8.8). Essa aliança tem como base o sacrifício de Cristo e garante bênçãos eternas a todo aquele que crê que o Senhor é o Deus de aliança que leva a sério os pactos por ele estabelecidos. A Nova Aliança está firmada sobre promessas incondicionais, ao contrário da aliança mosaica, que era condicional (Êx 19.5). Na aliança mosaica, a obediência brotava do temor; na Nova Aliança, emana de um coração e de uma mente dispostos. Ela é superior à Lei — não moralmente, mas em eficácia:

> Pois todo sumo sacerdote é constituído para oferecer tanto dons como sacrifícios; por isso, era necessário que também esse sumo sacerdote tivesse o que oferecer. Ora, se ele estivesse na terra, nem mesmo sacerdote seria, visto existirem aqueles que oferecem os dons segundo a lei.
>
> Hebreus 8.3-4

A ALIANÇA DO CASAMENTO

Agora que você compreendeu o que são alianças do ponto de vista bíblico, vamos aplicar esse conceito ao casamento. A aliança matrimonial é dupla, pois não se restringe aos cônjuges entre si, mas é também um pacto entre o casal e Deus. Ao falar sobre a mulher adúltera, Provérbios 2.17 diz: "[a mulher adúltera] deixa o amigo da sua mocidade e se esquece da aliança do seu Deus". A mulher que falha em sua fidelidade conjugal não apenas é censurada por ser infiel ao marido, mas por desprezar a aliança com o Senhor. A aliança matrimonial é um forte compromisso de lealdade e vale até a morte.

Quanto mais próximo de Deus estiver o casal, mais próximos estarão os cônjuges um do outro. Se eles desejam ter unidade entre si, devem buscar também a união com Deus. Se o Espírito Santo estiver com o casal, os dois vencerão juntos, e seu pacto de união não se romperá facilmente. O Senhor capacitou o homem para cumprir integralmente as oito alianças que estabeleceu com a humanidade: "A nossa suficiência vem de Deus, o qual nos habilitou para sermos ministros de uma nova aliança, não da letra, mas do espírito; porque a letra mata, mas o espírito vivifica" (2Co 3.5-6). Ou seja, é possível ser fiel!

O matrimônio é algo sublime para Deus, pois revela realidades espirituais muito profundas. Quando pensamos sobre o casamento entre homem e mulher aos olhos do Senhor, vemos que se trata de um relacionamento de amor que reflete, inclusive, a relação de Cristo com a Igreja. Ao se unir em uma só carne com a esposa, o homem torna-se completo novamente, pois recupera uma parte de si que havia sido retirada.

Deus, da mesma forma, anseia por tornar-se um com a Igreja, uma noiva pura, sem mancha e semelhante a ele.

> Maridos, amai vossa mulher, como também Cristo amou a igreja e a si mesmo se entregou por ela, para que a santificasse, tendo-a purificado por meio da lavagem de água pela palavra, para a apresentar a si mesmo igreja gloriosa, sem mácula, nem ruga, nem coisa semelhante, porém santa e sem defeito. Assim também os maridos devem amar a sua mulher como ao próprio corpo. Quem ama a esposa a si mesmo se ama. Porque ninguém jamais odiou a própria carne; antes, a alimenta e dela cuida, como também Cristo o faz com a igreja; porque somos membros do seu corpo. Eis por que deixará o homem a seu pai e a sua mãe e se unirá à sua mulher, e se tornarão os dois uma só carne. Grande é este mistério, mas eu me refiro a Cristo e à igreja.
>
> Efésios 5.25-32

Na perspectiva bíblica, o casamento também está relacionado à autonomia e à independência. O texto sagrado é claro: "Por isso, deixa o homem pai e mãe e se une à sua mulher, tornando-se os dois uma só carne" (Gn 2.24). É necessário cortar o cordão umbilical que liga cada um dos cônjuges à respectiva família de origem em uma relação de dependência — seja ela emocional, financeira ou de qualquer outro tipo. Não é saudável, nem bíblico, continuar dependendo dos pais depois do casamento, embora não haja absolutamente nenhum problema em manter o relacionamento afetivo, o que é, inclusive, desejável. Mas, muitas vezes, a intromissão dos pais no relacionamento conjugal causa problemas sérios. É preciso que os cônjuges estabeleçam um limite que satisfaça o outro. Marido e mulher precisam de privacidade para aprender a viver como casados e a vencer juntos os seus problemas.

Cabe aos pais ensinar os filhos a ser independentes, permitindo que tomem decisões, escrevam a própria história e aprendam com os erros que vierem a cometer. Porém, nem sempre o pai é uma referência positiva de marido ou a mãe, de esposa; por isso, devemos aprender, antes de tudo, com Deus. No tempo determinado, a família de origem deve dar asas aos filhos, incentivando-os a aprender como tomar decisões e a ser edificados por meio dos próprios erros. Que fique claro: quando o pacto do casamento é firmado, há o compromisso de uma união que não deve sofrer interferência da família de origem. Essa é a vontade de Deus, pois ele vê cada novo casal como uma nova família e um novo início.

Compromisso de fidelidade

A vontade de Deus para o casamento é que este seja um compromisso por toda a vida, até que a morte separe os cônjuges: "Portanto, o que Deus ajuntou não separe o homem" (Mc 10.9). Com vistas a se proteger das armadilhas que o inimigo prepara para propiciar o adultério, o casal precisa, entre outras coisas, evitar intimidade excessiva com pessoas do sexo oposto. A infidelidade pode trazer consequências terríveis.

O envolvimento de seu corpo em atividades sexuais ilícitas contamina sua pureza diante de Deus. O cristão deve ser moral e sexualmente puro, livre da lascívia: "Digno de honra entre todos seja o matrimônio, bem como o leito sem mácula;

porque Deus julgará os impuros e adúlteros" (Hb 13.4). Um leito sem mácula está debaixo das bênçãos do Senhor, e nele os cônjuges usufruem de um prazer abençoado.

O Inimigo sempre tentará destruir a fidelidade conjugal. O homem e a mulher sábios, que conhecem a Palavra de Deus e temem o Senhor, fugirão das astutas ciladas do Maligno. Uma noite de aventura extraconjugal pode proporcionar minutos de prazer, mas arruinar o restante da vida. Inclusive, pode comprometer definitivamente o casamento: "Porque os lábios da mulher adúltera destilam favos de mel, e as suas palavras são mais suaves do que o azeite; mas o fim dela é amargoso como o absinto, agudo, como a espada de dois gumes" (Pv 5.3-4).

A natureza pecaminosa do ser humano continua latente mesmo depois de ele se converter. Por isso, o homem vive uma guerra espiritual contínua, que só pode ser vencida pelo poder do Espírito Santo.

> Ora, as obras da carne são conhecidas e são: prostituição, impureza, lascívia, idolatria, feitiçarias, inimizades, porfias, ciúmes, iras, discórdias, dissensões, facções, invejas, bebedices, glutonarias e coisas semelhantes a estas, a respeito das quais eu vos declaro, como já, outrora, vos preveni, que não herdarão o reino de Deus os que tais coisas praticam.
>
> Gálatas 5.19-21

Muitas vezes, Satanás cria situações para que o cristão seja tentado a olhar com intenções impuras outra pessoa que não seja o cônjuge. Se, por vontade do cristão, o pensamento originado desse olhar for alimentado e aprovado a ponto de se tornar desejo, essa pessoa já adulterou. É o que afirma Jesus: "Eu, porém, vos digo: qualquer que olhar para uma mulher com intenção impura, no coração, já adulterou com ela" (Mt 5.28). Por isso, todo cuidado é pouco.

São grandes as investidas do Inimigo para desvirtuar o homem dos caminhos do Senhor, e, nesse sentido, a atração sexual sempre foi uma das armas mais poderosas de Satanás. Nos dias atuais, é muito difícil manter-se puro, pois o comércio utiliza a sensualidade para vender todo tipo de produto: há imagens de mulheres nuas em propagandas de carro, de água e até mesmo de chinelos. Os filmes e as novelas são incansáveis em seu estímulo à sensualidade e ao adultério, e esse tipo de veneno tem contaminado as famílias. A orientação bíblica é que o homem fuja da imoralidade e afaste-se de situações que podem levá-lo a cair em pecado. A precaução exige que antecipemos, com sabedoria, momentos de fraqueza e tentação, de modo que possamos nos blindar por meio da criação de limites e barreiras para nós mesmos. Quantos adultérios começaram com pequenas espiadas em canais a cabo ou em filmes com cenas de sexo explícito? Prevenir-se inclui atitudes práticas, como bloquear qualquer programação imprópria na televisão, evitar a hora e o lugar errados, saber que sua natureza é mais forte que você e nunca dar oportunidade à carne.

Veja o exemplo bíblico de José. Ele era um belo jovem, solteiro e atraente. Mesmo assim, não se deixou seduzir pela mulher de Potifar (Gn 39.1-23). Ele foi fiel a Deus e resistiu ao pecado, mas só triunfou sobre a tentação porque estava decidido a permanecer obediente ao Senhor. As investidas nessa área são muito veementes, a ponto de a Palavra de Deus trazer advertências sobre as armadilhas que surgem "em nome do amor".

> Porque da janela da minha casa, por minhas grades, olhando eu, vi entre os simples, descobri entre os jovens um que era carecente de juízo, que ia e vinha pela rua junto à esquina da mulher estranha e seguia o caminho da sua casa, à tarde do dia, no crepúsculo, na escuridão da noite, nas trevas. Eis que a mulher lhe sai ao encontro, com vestes de prostituta e astuta de coração. É apaixonada e inquieta, cujos pés não param em casa; ora está nas ruas, ora, nas praças, espreitando por todos os cantos. Aproximou-se dele, e o beijou, e de cara impudente lhe diz: Sacrifícios pacíficos tinha eu de oferecer; paguei hoje os meus votos. Por isso, saí ao teu encontro, a buscar-te, e te achei. Já cobri de colchas a minha cama, de linho fino do Egito, de várias cores; já perfumei o meu leito com mirra, aloés e cinamomo. Vem, embriaguemo-nos com as delícias do amor, até pela manhã; gozemos amores. Porque o meu marido não está em casa, saiu de viagem para longe. Levou consigo um saquitel de dinheiro; só por volta da lua cheia ele tornará para casa. Seduziu-o com as suas muitas palavras, com as lisonjas dos seus lábios o arrastou. E ele num instante a segue, como o boi que vai ao matadouro; como o cervo que corre para a rede, até que a flecha lhe atravesse o coração; como a ave que se apressa para o laço, sem saber que isto lhe custará a vida.
>
> Provérbios 7.6-23

Essa passagem mostra, passo a passo, a emboscada utilizada para envolver um jovem, de tal forma que ele não resistisse ao poder sedutor da mulher. Identificar as estratégias que ela utilizou pode contribuir para que o cristão esteja alerta a tais sutilezas e evite cair em alguma cilada: o cara estava no lugar errado, na hora errada; perdeu oportunidades de fugir da tentação; prestou atenção ao charme da mulher e deu ouvidos aos seus elogios.

E, aqui, é importante o alerta: todo e qualquer ato ilícito pode ser escondido dos homens, mas nunca de Deus, pois "todas as coisas estão descobertas e patentes aos olhos daquele a quem temos de prestar contas" (Hb 4.13). Lembre-se disso quando estiver frente a frente com qualquer tentação que venha a ameaçar a aliança matrimonial que você tem com seu cônjuge e com Deus. Todo cuidado é pouco para preservar um pacto tão importante.

Para refletir

Ao analisar cada um dos oito pactos feitos entre Deus e a humanidade, você verá que algumas alianças são firmadas por meio de símbolos. O arco que Deus fez aparecer no céu na aliança noética é exemplo de um elemento visível que simbolizava algo invisível. Da mesma forma, o homem e a mulher utilizam um tipo de anel (não à toa chamado de "aliança") como representação do pacto firmado entre si. O anel como símbolo da aliança conjugal surgiu entre os gregos e depois foi incorporado pelos romanos, mas é provável que originariamente fosse um símbolo hindu ou egípcio para representar que alguém era casado. Os romanos acreditavam que uma veia diretamente ligada ao coração passava pelo quarto dedo da mão esquerda, por isso o anelar esquerdo é onde tradicionalmente se põe a aliança de casamento. Além disso, esse adereço é circular, não tem fim, é contínuo — como deve ser o amor entre o casal. No início, a aliança era tida como um certificado de propriedade da noiva, mas, a partir do século 11, a igreja cristã a adotou como símbolo de união e fidelidade entre casais.

Um desafio para você

No momento em que você e seu cônjuge fizeram as promessas no altar, firmaram uma aliança com Deus. Relembre quais foram essas promessas.

Um desafio para você e seu cônjuge

Ponham-se de pé, um de frente para o outro, deem as mãos e renovem as promessas feitas no altar um para o outro e diante de Deus — pois o Senhor disse: "Onde estiverem dois ou três reunidos em meu nome, ali estou no meio deles" (Mt 18.20).

Oração a dois

Pensem sobre o que significa o casamento ser uma aliança entre você, seu cônjuge e Deus. Em seguida, reflitam sobre as principais ameaças lançadas a esse compromisso, como as tentações, por exemplo. Escrevam aqui seus pedidos de oração quanto a essas questões e orem juntos sobre o que escreveram.

3

O cordão de três dobras

Imagine um cordão. Agora tente visualizar três cordões como o que você pensou, só que entrelaçados. O que seria mais resistente? Não há dúvida de que o cordão triplo é extremamente mais forte e se parte com muito mais dificuldade. Essa é a imagem que Salomão usou em Eclesiastes para se referir à importância da coletividade. "A união faz a força", diria o ditado popular. Em linguagem bíblica: "Se alguém quiser prevalecer contra um, os dois lhe resistirão; o cordão de três dobras não se rebenta com facilidade" (Ec 4.12).

Há muitas vantagens em ser dois; mais ainda em ser três. A terceira dobra torna o conjunto mais forte, mais difícil de ser rompido. O casamento também pode ser incluído nesse raciocínio, por isso é tão importante que todo matrimônio seja uma aliança com três partes — Deus, o marido e a esposa. E o que o casal deve fazer para que a "terceira dobra" sempre faça parte de seu núcleo familiar? Manter uma comunhão diária com o Senhor. Esse é o alicerce de um casamento extremamente resistente e sólido.

Um bom relacionamento com Deus serve de base para que o indivíduo se relacione bem com o próximo. Todo cristão deve buscar ter experiências particulares com o Senhor e viver em comunhão. O homem não é um ser que vive isolado no universo; pelo contrário, Deus criou para ele uma auxiliadora, para que possa aprender e exercitar os dons da comunhão — como paciência, fidelidade, doação, honra, gratidão e consideração. Logo, quando o homem e a mulher se tornam um, Deus preza também pela comunhão do casal consigo. Quando ambos buscam o Senhor com o mesmo propósito, o casamento é fortalecido. Muitos matrimônios têm sido completamente transformados pelo fato de os cônjuges iniciarem a prática regular de separar um tempo para práticas devocionais.

Jesus quer ser o Senhor e Salvador de sua vida, mas, também, o Senhor de seu casamento. Se Cristo for o alvo, você construirá um casamento abençoado e experimentará paz e bênçãos permanentes. Por outro lado, se Jesus não for o cabeça espiritual de seu lar, você nunca experimentará todas as dádivas que Deus tem para seu casamento: "Sem mim nada podeis fazer" (Jo 15.5).

O CORDÃO QUE RESISTE GRAÇAS À BOA COMUNICAÇÃO

Um casal que se comunica bem se torna resistente a diversos problemas, pois uma comunicação clara evita mal-entendidos. Há diversos conflitos que surgem em razão da falta de diálogo ou da forma como ele se estabelece. Os problemas e as diferenças são naturais e certamente surgirão, mas só se tornam perigosos quando o casal não é capaz de conversar sobre eles com equilíbrio.

No início do relacionamento, os casais parecem ser capazes de falar por horas a fio sobre todo tipo de assunto. Mas, de algum modo e com frequência, essa capacidade desaparece após o casamento. Infelizmente, problemas de diálogo são muito comuns e afetam a maioria dos casais. Comunicar-se sob a pressão da raiva e gritar mais alto do que o outro constitui uma tentativa errada de aproximação. Esse tipo de comunicação deveria ser proibido em todo casamento. Enquanto duas pessoas mantiverem abertas as linhas de comunicação e expressarem livremente seus sentimentos, as diferenças poderão ser resolvidas.

Quão preciosa é a capacidade de se comunicar! Esse é um dos ingredientes mais importantes de um casamento. O homem e a mulher maduros sabem harmonizar a unidade que deve existir no amor com a liberdade individual necessária a ambos. Cada um deve manter sua personalidade e identidade, pois um casamento completo significa respeito pelos direitos e privilégios da outra parte.

Os cônjuges que se sentem seguros no casamento podem ser honestos um com o outro a respeito de toda espécie de sentimento. São capazes de discutir seus problemas, libertar-se das hostilidades e fazer as pazes — e, assim, construir uma estrada tranquila que percorrerão, juntos, até a velhice.

A resistência à comunicação surge gradualmente entre duas pessoas que se amam, mas isso ocorre sem que nenhuma delas assim planeje. De fato, as dificuldades para se comunicar começam a surgir já a partir da primeira barreira no diálogo.

Nesse processo, os cônjuges passam a usar como artifício de autodefesa três atitudes principais que, se não forem combatidas, vão se transformar em uma parede de resistência tão forte que o casal não será mais capaz de se comunicar: explosão, lágrimas e silêncio.

Sempre que seus defeitos são apontados, a reação natural é explodir. Essa explosão é resultado de raiva e hostilidade interiores, que levam à autodefesa. Quando alguém, particularmente o cônjuge, aponta as deficiências do outro, a tendência é que este reaja. Se o temperamento for sanguíneo ou colérico, a pessoa tende a expressar a raiva por meio da explosão. A consequência desse tipo de atitude é o cônjuge concluir que não deve abordar as fraquezas íntimas da pessoa amada, a fim de evitar que esta exploda.

As lágrimas, por sua vez, são uma reação mais feminina. Pode acontecer, porém, de um homem melancólico ou sanguíneo recorrer a elas. São um modo de dizer ao cônjuge: "Não me conte as minhas falhas, senão eu choro!". A primeira briga após o casamento geralmente deixa a esposa em lágrimas. Isso ensina ao marido que ela tem um ponto fraco. De forma subconsciente, num outro desentendimento, ele tenderá a refrear a comunicação, para não fazer a esposa chorar. Dessa forma, um tijolo é acrescido à construção do muro que dificulta a comunicação. Com o tempo, o marido aprende a distinguir se as lágrimas são de emoção, cansaço, alegria ou autopiedade. Os homens devem ser pacientes, bondosos e não desprezar as lágrimas da esposa, pois ela está apenas se comportando como mulher. Além disso, a mulher que chora tem maior capacidade de expressar suas emoções em todas as áreas da vida. Em geral, é mais sensível ao carinho e ao ato matrimonial. Suas lágrimas apontam riqueza emocional, o que faz dela uma mãe compassiva e uma esposa amorosa. Raramente são frígidas. Geralmente, as mulheres que não choram têm emoções comparáveis a um bloco de gelo.

A terceira atitude é o silêncio, um instrumento muito perigoso, pois rapidamente sufoca a comunicação e torna-se um fardo pesado — física e espiritualmente. É preciso um poder tremendo para ficar em silêncio por um longo período de tempo, e a raiva pode nutrir esse poder. Seria bem melhor se os casais pudessem aprender a comunicar livremente suas diferenças, evitando não somente os problemas, mas também seus efeitos colaterais. Todas as vezes em que houver um desentendimento, é fundamental que ele seja solucionado no mesmo instante, por meio do diálogo, e perdoado com sinceridade de coração. Nenhuma pessoa pode andar no Espírito e viver brigando com o cônjuge. "Digo, porém: andai no Espírito e jamais satisfareis à concupiscência da carne" (Gl 5.16). Lembre-se de que toda raiva, inimizade ou ódio entristecem o Espírito Santo.

> E não entristeçais o Espírito de Deus, no qual fostes selados para o dia da redenção. Longe de vós, toda amargura, e cólera, e ira, e gritaria, e blasfêmias, e bem assim toda malícia. Antes, sede uns para com os outros benignos, compassivos, perdoando-vos uns aos outros, como também Deus, em Cristo, vos perdoou.
>
> Efésios 4.30-32

Tenha em mente que, quanto mais verdadeiro você for, mais amor terá em seu casamento. Mas atenção: a verdade é uma faca de dois gumes bastante afiados. Por isso, use-a com cuidado para não magoar seu grande amor! A verdade da Bíblia Sagrada orienta como deve ser a comunicação: "Mas, seguindo a verdade em amor, cresçamos em tudo naquele que é a cabeça, Cristo, de quem todo o corpo, bem ajustado e consolidado pelo auxílio de toda junta, segundo a justa cooperação de cada parte, efetua o seu próprio aumento para a edificação de si mesmo em amor" (Ef 4.15-16).

É fundamental que a comunicação seja constante e sem ruídos em todas as áreas da vida a dois. A falta de diálogo pode levar o outro a conclusões erradas. Além disso, há diferenças entre ouvir e escutar. Perceber um som qualquer é *ouvir*, mas, quando você presta atenção ao que esse som representa, isso significa *escutar*.

É importante os cônjuges compreenderem que homens e mulheres têm características próprias que devem ser consideradas para que a comunicação flua em harmonia e paz. As mulheres são conhecidas por realizar diversas atividades ao mesmo tempo; elas são capazes de falar ao telefone, fazer a comida e ninar um bebê simultaneamente. Já um homem em frente à televisão tem sua atenção toda voltada para esse aparelho. Tais características são inerentes a cada gênero. Portanto, ao estabelecer um diálogo, levem isso em consideração.

Se houver uma área de seu casamento em que a comunicação não esteja satisfatória, é importante que você siga algumas orientações quando for procurar o cônjuge para dialogar. Antes mesmo de chegar para conversar, ore para agir com sabedoria concedida por Deus e para estar cheio do Espírito Santo. Planeje um momento que seja adequado para o outro. Quando iniciarem o diálogo, fale a verdade com amor, utilizando palavras bondosas, e diga exatamente o que está em seu coração. Jamais perca a paciência. Em seguida, espere por uma reação e não se surpreenda se sua comunicação encontrar uma reação explosiva, particularmente nas primeiras fases do casamento. Lembre-se de que você tem a vantagem de saber o que vai dizer, pois já orou a respeito, e pode se antecipar às reações do cônjuge, que será tomado de surpresa. Na hora do diálogo, não procure se defender; permita que o cônjuge pense sobre o que você disse. Ele pode não admitir que você esteja certo, mas, geralmente, uma postura adequada causa transformação no comportamento do outro. E não é exatamente isso o que você deseja? Claro que o problema sempre deve ser entregue a Deus e, uma vez que tenha feito sua parte e conversado com o cônjuge, confie integralmente no Senhor, seja para auxiliar a outra pessoa a mudar de hábito, seja para que o Pai o encha da graça necessária para conviver com ela, do jeito que ela é.

Há duas expressões de ouro que todo casal deveria utilizar repetidamente, durante a vida de casados. A primeira é "Desçulpe!". Lembre-se de que todos cometem erros: "Todos pecaram e carecem da glória de Deus" (Rm 3.23). Em um casamento normal, você pecará muitas vezes contra seu cônjuge, e ele, contra você. Se, contudo, você estiver disposto a encarar seus erros e pedir desculpas, notará que a resistência se dissolverá e o perdão prevalecerá. Se você não consegue reconhecer quando falha, esse é um sintoma de que possui um sério problema espiritual: o orgulho. A segunda expressão é "Eu te amo!". Seu cônjuge nunca se cansará de ouvi-lo dizer quanto o ama. Essa expressão de amor parece mais significativa para as mulheres do que para os homens. As mulheres estão mais propensas a admitir suas necessidades, embora os homens também as tenham. Quanto mais seu cônjuge o ama, mais ele aprecia que você expresse seu amor. Por isso, exponha essa verdade de maneira expressiva e com frequência.

O CORDÃO QUE REBENTOU: O DIVÓRCIO

Muitas pessoas dissolvem seu casamento por acreditar que o caminho mais eficiente para a solução dos problemas é o divórcio. Mas acredite: essa nunca é a melhor opção. Num primeiro momento, há aquela sensação de alívio, liberdade e paz; porém, esse sentimento logo dá lugar à dor e ao desespero. Escolher a separação é comprar uma caixa de bombons vazia, pois o divórcio promete o que não pode cumprir. A desunião dissolve certezas que temos dentro de nós, pois não fomos programados para o divórcio. No futuro, o que parecia ser a opção correta vai se mostrar a pior escolha possível e restará apenas a dúvida: o que aconteceria se eu tivesse tentado mais, insistido, escolhido lutar?

O casamento deve ser uma união permanente. Quando líderes religiosos questionaram Jesus sobre o divórcio, uma vez que no passado Moisés o havia permitido, o Senhor respondeu que isso acontecera por causa da dureza de coração das pessoas (Mt 19.8). O divórcio só é permitido biblicamente em caso de impureza sexual. Mesmo assim, só deve acontecer quando todas as tentativas em favor do casamento tiverem se esgotado, pois o ideal é o perdão e a reconciliação: "Porque o Senhor, Deus de Israel, diz que odeia o repúdio e também aquele que cobre de violência as suas vestes, diz o Senhor dos Exércitos; portanto, cuidai de vós mesmos e não sejais infiéis" (Ml 2.16).

O amor não correspondido não é justificativa para uma pessoa deixar de amar o cônjuge. O desinteresse apenas indica falta de dedicação a esse amor. Se você buscar Deus, ele frutificará seu amor pela pessoa com quem você se casou! Amar é um verbo a ser posto em ação; caso contrário, Deus não ordenaria que amássemos. Quando o Senhor diz "ame", é imperativo: você escolhe continuar amando. O sentimento será consequência de sua fé colocada em prática. Se você deseja reacender o amor por seu cônjuge, deve buscar em Deus essa força, pois, se o Senhor ordenou que você ame, ele o tornará capaz de fazê-lo — basta pedir. Se você sentir que seu amor começa a diminuir, busque o Pai, o autor do amor, e ele renovará esse sentimento pelo cônjuge. Peça!

Para refletir

Se duas pessoas puxarem um pedaço de barbante, uma em cada ponta, ele pode romper. Mas, se elas puxarem um fio de aço, esse não vai arrebentar, nem mesmo se tiver a metade da espessura do barbante. A resistência do casamento não está nas pessoas envolvidas, mas no vínculo que as liga. A presença de Deus torna o casamento resistente!

Um desafio para você

Leia Hebreus 11.11 e Lucas 1.36. Descreva como Deus agiu poderosamente na vida das mulheres citadas nessas passagens. Em seguida, ore ao Senhor para que ele seja o centro de seu casamento, e que o amor, a paz e a harmonia reinem em seu relacionamento.

Um desafio para você e seu cônjuge

Diga para seu cônjuge as virtudes que você enxerga nele. Reconheça verbalmente todos os sacrifícios realizados por ele em favor do casamento e da família.

Oração a dois

Pensem até que ponto a vida conjugal de vocês é compartilhada a três. Se perceberem que precisam de maior participação divina em seu lar, é preciso convidar Deus a ser mais presente entre sua família. Escrevam aqui seus pedidos de oração nesse sentido e orem juntos sobre o que escreveram.

4

O processo de adaptação

Todo casal precisa saber que, após a cerimônia de casamento, enfrentará um período de adaptação que se estende por cerca de três anos. Uma pesquisa recente revelou que sete em cada dez divórcios acontecem nessa fase do matrimônio. A maior parte dos casais felizes concordará que, ainda que os primeiros mil dias de casados tenham trazido muitas bênçãos e alegrias, também apresentaram muitas experiências de adaptação bastante difíceis.

Há três aspectos básicos na adaptação entre cônjuges: cultural, físico e espiritual. É necessário que ocorra um processo de adaptação adequado em cada uma dessas áreas para a formação de um matrimônio equilibrado. Quando os cônjuges têm entre 20 e 30 anos, o elemento físico é o mais importante. Dos 30 aos 40, porém, o aspecto cultural predomina. Dos 40 em diante, o lado espiritual sobressai. Essas três áreas de adaptação são interdependentes: dificilmente um casal se adaptará de forma adequada no terreno físico se não possuir um alto grau de adaptação cultural. Há casais cuja dificuldade em se adaptar culturalmente produziu sérios desajustes, mas, devido a seu forte relacionamento espiritual — pelos laços da fé comum em Cristo —, puderam alcançar melhor adaptação no âmbito físico. Já o aspecto espiritual é, potencialmente, o mais importante, visto que pode melhorar de forma radical a adaptação nos outros dois âmbitos.

No casamento, a adaptação cultural é a mais complexa, mas oferece excelente oportunidade para que ambos os cônjuges se conheçam profundamente. Como as pessoas tendem a apresentar, no período do noivado, o que têm de melhor, muitos casais precisam passar por uma grande adaptação cultural. Predileções culturais evidenciam diferenças de formação e encerram uma variedade de experiências que exigem treinamento renovado. O aspecto cultural difere dos outros principalmente porque implica a adaptação de uma bagagem pessoal construída ao longo de décadas. Na adaptação física não é assim, pois o casal começa com uma experiência inteiramente nova. E, no campo espiritual, os dois podem aprender, por meio do estudo da Palavra de Deus, tanto a manter um novo relacionamento entre si quanto a desenvolver uma nova intimidade com o Senhor.

Se as adaptações necessárias não forem respeitadas, existe o risco de a pessoa iniciar o casamento descobrindo que seus padrões estão em conflito com os do cônjuge. Uma regra bíblica importante para a adaptação cultural é seguir o que o apóstolo Paulo escreveu aos filipenses: "Nada façais por partidarismo ou vanglória, mas por humildade, considerando cada um os outros superiores a si mesmo. Não tenha cada um em vista o que é propriamente seu, senão também cada qual o que é dos outros" (Fp 2.3-4). Se marido e mulher guardarem o propósito, diante de Deus, de se esvaziarem de si mesmos e fazerem o cônjuge feliz, como nos ensina o trecho bíblico citado, o casal estará pronto para realizar uma saudável adaptação cultural. Vejamos a seguir algumas áreas para as quais é importante a nova família direcionar as atenções, no que se refere a esforços de adaptação.

Finanças

Existem questões relevantes que devem ser consideradas no que diz respeito à adaptação do casal à nova realidade financeira imposta pela vida a dois. Em tempos em que a mulher assume um papel cada vez mais significativo na economia e no mercado de trabalho, se faz necessário um empenho ainda maior na organização monetária familiar.

Se não for reorientada, a mulher solteira que conquista independência financeira acaba vivendo uma inversão de papéis no matrimônio. Caso se torne a provedora do lar, ela corre o risco de, até mesmo inconscientemente, diminuir e menosprezar o esposo.

A sujeição a princípios bíblicos é premiada com harmonia familiar e felicidade conjugal. Já a violação de tais princípios é responsável por frustração e disfunção marital. Quando Deus determinou, de forma clara e explícita em sua Palavra, que o homem é o cabeça, estabeleceu a ordem necessária para o bom funcionamento dessa microssociedade, independentemente da cultura em que o casamento ocorre. Essa orientação não pode ser moldada, pois as expectativas do homem em relação à mulher, e vice-versa, são inflexíveis e imutáveis, ou seja, há responsabilidades que cabem ao homem, ainda que a esposa esteja em melhor condição no mercado de trabalho.

Opor-se ao ideal divino de uma relação matrimonial saudável é como insistir em plantar sementes de goiaba esperando colher maçãs. Se não estamos satisfeitos com os frutos, devemos mudar as sementes. A mulher que domina o marido força uma posição que não é dela e será, no decorrer do tempo, sobrecarregada por essa situação. O marido que se submete à esposa, muitas vezes para tentar salvar o casamento, pulou num bote furado para escapar do naufrágio e simplesmente não será feliz — é um tipo de renúncia que não resulta em nada, visto que contraria o ideal estabelecido por Deus.

Se não fosse para o bem dos cônjuges, Deus nunca teria pedido à esposa que se sujeitasse ao marido. Caso a mão que segura a bolsa domine a família, o marido deve encabeçar a gestão administrativa de seu lar. No entanto, é fato que muitas esposas administram melhor que seu marido; em casos assim, essa gestão deve ser compartilhada. Em qualquer outro cenário, o marido deve gerir as finanças da família, o que não significa que a esposa não deve participar das decisões.

Quando há concordância entre as partes, marido e esposa se apoiarão mutuamente. O planejamento do orçamento inteligente prevê gastos da esposa com o lar e as despesas da casa, como supermercado e tantas outras demandas domésticas, assim como considera as necessidades e os gastos pessoais da esposa. Ao marido cabe o gerenciamento do fluxo de caixa da casa, assim como a responsabilidade pelas contas bancárias e o agendamento de compromissos financeiros.

O melhor sistema de administração financeira no casamento é aquele em que a esposa que trabalha deposita sua renda numa conta familiar. Aquisições de maior investimento, principalmente aquelas que exijam sacrifícios e privações, devem ser decididas em comum acordo. Na falta de cumplicidade na tomada de decisão, é mais sábio e prudente esperar o momento em que ambos concordem. Quando falta o consentimento de um ou de outro, mágoas podem surgir. Obviamente, há exceções à regra, como em casos em que um ou outro é compulsivo ou viciado em jogos de azar, bebidas ou drogas, a exemplo de tantas ocorrências que vemos por aí.

Se a esposa gera renda e cria individualmente um sistema paralelo de administração familiar, a tendência é que se sinta autossuficiente e independente, o que foge do desenho bíblico para a mulher no casamento — e pode se tornar um problema para a adaptação de um casal que escolheu construir uma história na qual não há mais *eu*, e sim *nós*. Casamento não é e nunca será duas corporações distintas operando sob um mesmo teto.

O fato de a mulher trabalhar fora também pode levar à procrastinação do plano de expandir a família. Aqueles que esperam alcançar estabilidade financeira antes de ter filhos podem acabar esperando mais do que o necessário e ter problemas para engravidar. Filhos são a maior alegria de uma família e, se o casal pensa em se programar para tê-los, deve priorizar esse plano, sabendo que Deus suprirá suas necessidades à medida que elas surgirem.

Um casal que usa seu dinheiro sem planejamento pode acabar endividado. Se, antes do casamento, um dos dois — ou mesmo ambos — for descuidado com seu orçamento, é provável e possível que carregue dívidas para o matrimônio. Em casos assim, essas dívidas se tornam um problema para o casal, uma situação a ser solucionada pelos dois, o que exige muita sabedoria e maturidade daquele que se vê surpreendido por custos que não estavam no plano.

A área de finanças também pode ser foco de conflitos quando um cônjuge faz comparações entre a vida de casado e as condições em que vivia com os pais ou com o padrão de vida de amigos e parentes. Isso é uma covardia, pois um casal em início de vida conjugal não estará, na maioria das vezes, em condições de competir com as condições financeiras de quem vem construindo a vida por mais de vinte ou trinta anos. Há tempo de plantar e tempo de colher; é tolice cobrar frutos em época de semeadura. No momento devido, o casal terá suas conquistas e oportunidades de alçar voos talvez mais altos que os de seus pais. Enquanto se constrói, é fundamental aceitar a capacidade financeira familiar e saber que, assim, se escreve a história de um casamento duradouro.

Devemos sempre nos lembrar de que Deus tem recursos ilimitados e está sempre disposto a responder não às nossas necessidades, mas à nossa fé. "E o meu Deus, segundo a sua riqueza em glória, há de suprir, em Cristo Jesus, cada uma de vossas necessidades" (Fp 4.19). Confiar em Deus e em sua provisão é a chave para se ver livre da ansiedade, do medo do futuro e das incertezas. O passo seguinte é procurar soluções práticas para problemas tangíveis.

É comum descobrir que alguns passos outrora dados — muitas vezes por fé — foram maiores que o tamanho da perna, isto é, foram além da capacidade familiar de honrar dívidas. Há casos em que prestações imobiliárias não se encaixam no orçamento. Há outros em que, por falta de experiência e conselhos, o casal não atenta para as constantes correções monetárias e os juros sobre juros. E há também casos nos quais não houve planejamento para mobiliar a casa. É ainda mais complexo quando os dois têm de lidar com pensões para ex-mulher ou gastos com filhos de outro casamento — o que exige muita sensibilidade e inteligência emocional do casal. Se não houver equilíbrio e habilidade para lidar com esses conflitos, o resultado será o desgaste da relação pela simples ausência de planejamento financeiro adequado.

Nesse campo, os perigos de uma desregrada vida financeira familiar são potencializados pelo consumismo, ou seja, o hábito de comprar o desnecessário. Esse vilão é responsável por muito atrito entre casais. Por outro lado, o marido que se propõe a satisfazer os caprichos da esposa pode, por querer agradá-la, comprometer o orçamento da família. Ambos devem compreender que dinheiro não aceita desaforo e que gastar mais do que se pode sairá mais caro do que se imagina. Paz e nome limpo não têm preço.

"Por que gastais o dinheiro naquilo que não é pão, e o vosso suor, naquilo que não satisfaz? Ouvi-me atentamente, comei o que é bom e vos deleitareis com finos manjares" (Is 55.2). Essa passagem bíblica nos remete ao problema do consumismo: comprar algo desnecessário, com dinheiro que não se tem, para impressionar desconhecidos, a fim de tentar ser alguém que não é. "Quem ama o dinheiro jamais dele se farta; e quem ama a abundância nunca se farta da renda; também isto é vaidade" (Ec 5.10). Quem não é feliz com o que tem, nunca será feliz com nada mais. Quem não se alegra na corrida, não dará valor ao troféu. Curta os processos; há beleza em cada curva da estrada. Viva intensamente, e cada dia será único. Deus nos fez incompletos para lembrarmos que ele nos completa. Não se renda à besta chamada materialismo.

O casal cristão deve buscar as bênçãos divinas sobre as finanças da família, de acordo com Malaquias 3.3-11, entregando a Deus o dízimo de sua renda: "provai-me nisto, diz o SENHOR dos Exércitos, se eu não vos abrir as janelas do céu, e não derramar sobre vós bênção sem medida" (3.10). Ninguém deve dar o dízimo por constrangimento ou necessidade, muito menos por coação, mas com alegria e paz, sabendo que os recursos serão aplicados em benefício do próximo, daquele que está procurando o mesmo auxílio que um dia o próprio ofertante encontrou na igreja. Se há dúvidas em relação à utilização desses recursos na igreja que você frequenta, algo está muito errado, pois, se não é possível confiar suas finanças a tal ministério, como, então, você sujeita sua alma a ele? Dízimo não é lei, é princípio espiritual, e, ao entregá-lo, as motivações devem ser adoração e gratidão. Além do dízimo, se o casal poupar outros 10%, poderá comprar, à vista, algumas das coisas de que necessita, sem ter de pagar bem mais caro em razão dos juros do parcelamento. Além disso, ficará livre das prestações. Se o casamento não começar com esses dois hábitos, haverá dificuldade em adquiri-los mais tarde — mas não será impossível. Os cônjuges devem estar em aliança com o Senhor e confiar que ele os guiará em seus problemas financeiros. Deus nunca falha!

No capítulo 8, a questão das finanças será discutida com maior ênfase.

VIDA SOCIAL

Outra área significativa de adaptação cultural é a que se refere à vida social. Deus criou o homem para que este tivesse comunhão com o divino e também com seus semelhantes humanos. Porém, o casal descobrirá que, após o casamento, surgem interesses e desinteresses sociais que nunca imaginaram existir. Isso ocorre com quase todos os casais após o casamento, em diversos aspectos de sua vida social. Mesmo assim, conversem sobre aquilo que dá prazer a cada um e envolvam um ao outro em seu mundo particular. Acompanhar o outro nas coisas que o agradam faz parte da vida a dois.

Para exemplificar esse tipo de mudança, lembro-me da história de um atleta que se casou com uma amante de música clássica. Um ano após o casamento, tiveram a seguinte conversa:

— Por que você não vai mais comigo aos jogos de futebol?

— Bem, é que não entendo nem gosto de futebol.

Exasperado, ele retrucou:

— Não entende? Quando estávamos namorando, você nunca se recusou a ir a um jogo comigo. E parecia gostar!

A resposta foi esclarecedora:

— É que eu gostava tanto de estar com você que não me importava aonde você ia. — Após uma curta pausa, ela aproveitou a ocasião e perguntou: — E por que você não me leva mais para assistir a concertos, como fazia quando éramos noivos?

— Eu simplesmente não tolero música clássica!

De repente, ambos perceberam que, nos dias de noivado, o amor era tal que os tornava insensíveis às diferenças quanto à vida social. O prazer de estarem juntos fazia coisas desagradáveis parecerem agradáveis. Isso muda, e essa mudança é normal! Após esse diálogo esclarecedor, o casal analisou suas diferenças e cada um levou em consideração as preferências do outro. Assim, acabaram concordando que a esposa acompanharia o marido aos esportes e ele a levaria aos concertos.

Entenda que todos estamos sujeitos a mudanças. Muitas vezes, aquilo de que gostamos não se baseia apenas em preconceitos ou experiências desagradáveis do passado. Somos capazes de cultivar novos prazeres. Conversem sobre as razões que os atraem para aquele tipo de atividade. Ouça de seu cônjuge os pontos que ele considera negativos em suas preferências. Dessa forma, será mais fácil vocês dois entrarem em acordo.

AMIGOS E PARENTES

Casais precisam da companhia de outros casais. Solteiros têm interesses e horários diferentes, de modo que, a não ser que os amigos também se casem, os cônjuges terão de formar novos círculos de amizade. É um adeus aos programas de solteiro! Vocês precisarão de amigos cristãos que os ajudem a crescer na fé.

O melhor lugar para descobrir um novo círculo social é a igreja. "Ah, mas eu não consigo fazer amigos na igreja!" Nesse caso, vale também para os casais o antigo princípio que diz: "Aquele que quiser ter amigos, deve primeiro ser amigo". Precisamos nos lembrar de que a vida social não deve cessar após o casamento. Naturalmente, vocês não poderão ter a mesma programação intensa que tinham quando ainda eram solteiros, até porque agora o dinheiro está sendo gasto em necessidades mais importantes e permanentes. Porém, nada mais importante para a saúde de um casamento do que a quebra da rotina de vez em quando, o que permite que o casal relaxe na companhia um do outro e fora do lar. Qual foi a última vez em que você e seu cônjuge viajaram juntos? Quantos amigos cristãos casados vocês têm?

Além da questão das amizades, o relacionamento com a família de seu cônjuge é muito importante. Há casos em que os sogros são tão legais que a nora ou o genro nunca tem problemas com eles. Mas a realidade é que isso é exceção, não regra. Embora reconheçam a importância de se desprender dos filhos depois que estes se casam, muitos pais têm dificuldade de fazê-lo.

Em geral, nossos pais não nos aborrecem tanto quanto nosso sogro e sogra, simplesmente porque entendemos melhor as atitudes de nossa família de origem. Muitas vezes, as sugestões dos sogros parecem indicar desaprovação ou crítica, quando, na verdade, foram ditas com a melhor das intenções. Por isso, deve-se tratar com respeito e consideração as opiniões dos pais do cônjuge. Afinal, eles gastaram muitos anos e recursos preparando a pessoa que, agora, é seu marido ou esposa. O mínimo que você pode fazer é tratá-los com respeito. Evite atitudes negativas com eles. Se for necessário dizer que estão interferindo demais na vida de vocês, deixe que o filho ou a filha faça isso — sem aquela sutileza de um elefante! Talvez seja conveniente que ambos os cônjuges estejam presentes em uma conversa com os pais. Todavia, é o parente consanguíneo quem deve expor a situação. Dificuldades no relacionamento com a família precisam ser tratadas com cautela. Por causa do instinto materno, as mães frequentemente encontram mais dificuldade em se desprender dos filhos.

O marido deve ter muito cuidado para não fazer comparações entre a esposa e a própria mãe. Não é justo comparar a maneira como a esposa passa roupa, cozinha e cuida da casa com os modos de sua mãe, que é uma mulher com mais de vinte anos de experiência. Comparações geram hostilidades e conflitos entre as duas mulheres mais importantes para o homem. Além disso, nunca envolva os parentes nas discussões ou nos desentendimentos do casal, pois cada cônjuge naturalmente tomará partido de seus familiares. O que sempre vejo acontecer é que, depois de pouco tempo, o casal faz as pazes, mas os parentes continuam divididos.

APARÊNCIA E CORTESIA

Aparência não é tudo, ainda que seja muito importante. A Bíblia declara: "O homem vê o exterior, porém o SENHOR, o coração" (1Sm 16.7). Seu cônjuge é um ser humano, logo, ele verá o exterior. Por isso, importa que você não utilize sua certidão de casamento como desculpa para relaxar na aparência. Você não teria atraído seu cônjuge se não tivesse mantido uma aparência limpa e agradável. Ajude seu cônjuge a manter aceso o amor. Esteja sempre atraente, se possível. A esposa deve manter este ritual desde os primeiros dias de casada: investir nos minutos anteriores à chegada do marido.

No trabalho, o homem passa o dia todo vendo mulheres arrumadas. Quando ele chega em casa, a esposa está com bobes no cabelo. Tem coisa mais desanimadora? Para piorar, depois de certa idade, ela resolveu usar aparelho ortodôntico. Cospe ao falar "Boa noite!", exibe unhas descascadas e roídas, calça aquele par de chinelos que o marido ganhou (e nunca teve coragem de usar), ou usa pantufas da época em que fazia *jazz*.

Os filhos jamais podem ser usados para justificar uma aparência relaxada. Antes, mantenha-se atraente aos olhos de seu companheiro. Procure controlar o peso, frequentar uma academia, alimentar-se adequadamente. Por outro lado, ele não pode reclamar muito, senão vai acabar ouvindo: "Essa pança também não estava aí quando nos casamos!".

Um adereço que agrega muito valor e embeleza qualquer pessoa é a cortesia. Atos de boa educação devem integrar a vida de todo cristão. Essa, no entanto, é uma arte rara. Um comportamento inadequado à mesa e outras formas de descortesia podem se tornar motivos constantes de irritação. Talvez essa seja a razão para seu cônjuge não querer frequentar restaurantes com você. Quem gosta de estar junto de alguém que, logo que se senta à mesa, parece um bêbado? Alguém que arrota, não sabe segurar o talher com elegância, fala de boca cheia, faz um prato de caminhoneiro, come toda a batatinha e deixa só uma para o outro? Ninguém gosta de quem não age com gentileza ou boas maneiras. Ninguém aprecia quem não diz "Por favor" nem "Obrigado".

Não importa quão dura foi a vida no passado, o tempo presente oferece oportunidades de mudança. A mulher deseja ser tratada com atenção. Por isso, o esposo deve ter cuidado para não deixar de oferecer um tratamento preferencial à esposa. O marido atencioso abre a porta, inclusive a porta do carro, e trata sua mulher da maneira como um cavalheiro deve tratar uma dama. O marido precisa contribuir para a felicidade da esposa; isso faz crescer a cada dia o afeto dela para com ele. Visto que amor gera amor, esse é um dos melhores investimentos que se pode fazer na vida conjugal. Esteja seguro de uma coisa: seu cônjuge precisa de sua aprovação para ajustar-se na vida e no casamento. A maioria absoluta das pessoas reage melhor ao elogio do que à condenação.

Para refletir

Sua personalidade certamente foi influenciada por determinadas qualidades ou defeitos de seus pais, influências essas adquiridas ao longo de sua convivência com eles. Identifique quais são essas características e reflita se elas têm interferido no relacionamento com seu cônjuge. Algumas de suas atitudes poderiam ser diferentes?

Um desafio para você

Liste as coisas de que teve de abrir mão ou precisou mudar para melhorar o convívio desde que se casou. Depois, faça também a lista de seu cônjuge. Veja se existe um equilíbrio ou se um está sendo mais aberto a adaptações do que o outro.

Um desafio para você e seu cônjuge

Especifiquem o que mais os incomoda nas atitudes do outro. Antes de falar, atentem para palavras que escolherão, a fim de não magoar o cônjuge. Busquem juntos uma solução que agrade os dois.

Oração a dois

Considerando eventuais falhas no processo de adaptação à vida conjugal, especifiquem os aspectos que ainda precisam ser mudados no relacionamento de vocês. Escrevam aqui e orem juntos sobre o que escreveram.

5

O papel do marido e o da esposa

Em todo e qualquer grupo organizado existe uma distribuição de papéis. Sem que cada um saiba exatamente qual é sua função, o que acontece é o caos. Hierarquias, responsabilidades, gradações de autoridade... Tudo isso é essencial para a manutenção da ordem e o bom desempenho do grupo como um todo. Na família não é diferente: marido e mulher têm atribuições e características distintas, determinadas por Deus desde o momento da criação. Quando esses papéis são cumpridos e respeitados de acordo com as orientações bíblicas, a alegria e a harmonia são consequências naturais.

Deus é a autoridade máxima dentro do lar. Em seguida, o marido é o cabeça, ou seja, o líder. A expressão "cabeça" representa a ideia de gradação, ordem, classe ou posição: "Quero, entretanto, que saibais ser Cristo o cabeça de todo homem, e o homem, o cabeça da mulher, e Deus, o cabeça de Cristo" (1Co 11.3). A família foi estabelecida pelo Senhor com base em princípios de liderança. O conceito no texto aos coríntios não é de superioridade do homem sobre a mulher, assim como o Pai e o Filho são iguais. O Pai, entretanto, ocupa uma posição mais elevada que a do Filho.

O MARIDO

Espera-se do marido que supra a carência de liderança espiritual na vida da esposa. Quando esse sacerdócio não é exercido com correção bíblica, ocorre um desequilíbrio gerado pela falta de confiança dela na capacidade de seu esposo. O sacerdote é um ministro levantado pelo Senhor, revestido de autoridade, que em nome do povo de Deus oficia o altar e ministra ao Senhor em favor do povo. Bíblica e historicamente, os sacerdotes se originaram da família de Arão e de seus quatro filhos, Nadabe, Abiú, Eleazar e Itamar. Dessa linhagem procederam os sacerdotes de Israel. Suas funções eram o serviço (ministrar no santuário, no tabernáculo ou templo), o ensino (eram responsáveis pelo ensinamento das leis de Deus) e a oração (quando o povo buscava Deus, o sacerdote orava pedindo direção). No Antigo Testamento, a palavra "sacerdote" vem do hebraico *kohen* e ocorre quase oitocentas vezes. O verbo hebraico *kahan* (da mesma raiz de *kohen*) é usado para descrever o noivo que se enfeita com ornamentos.

O marido é o líder, o sacerdote. Ele não deve ser ditador (no sentido de impor sua autoridade de forma opressora), democrático (isentando-se da responsabilidade de suas decisões), teimoso (que nunca admite estar errado, jamais pede perdão e não ouve ninguém) ou crítico (que vê algo errado em tudo). O bom sacerdote sabe aonde vai, dá direção e segurança à esposa e aos filhos. É modelo. Sua família é resultado de sua liderança. Ele está sempre presente no lar, e fornece apoio e suporte. Suas prioridades são pessoas antes de coisas: o lar antes da profissão, a esposa antes dos filhos, os filhos antes dos amigos, a esposa antes de si mesmo, Deus antes de tudo. O marido que exerce bem seu sacerdócio reconhece as necessidades da mulher antes mesmo de ela perceber que as tem. Ele cuida, protege, pastoreia, intercede, apoia e a cobre espiritualmente. Quando isso acontece, a esposa se sujeita espontaneamente e há estabilidade emocional no lar.

Além da cobertura e do sustento espiritual, da responsabilidade pelo devocional familiar, da direção e do aconselhamento da esposa e dos filhos, o marido tem o dever de prover a casa. Deus estabeleceu o homem como o responsável por conseguir recursos materiais para o sustento da família. "Assim também os maridos devem amar a sua mulher como ao próprio corpo. Quem ama a esposa a si mesmo se ama. Porque ninguém jamais odiou a própria carne; antes, a alimenta e dela cuida, como também Cristo o faz com a igreja; porque somos membros do seu corpo" (Ef 5.28-30).

Deixar de suprir o sustento da família é uma atitude vista como forma de negar a fé, pois quem o faz negligencia seu dever como homem. Até mesmo os infiéis entendem a responsabilidade da provisão: "Ora, se alguém não tem cuidado dos seus e especialmente dos da própria casa, tem negado a fé e é pior do que o descrente" (1Tm 5.8). Mesmo com a emancipação feminina e a atuação das mulheres no mercado de trabalho, a responsabilidade de prover continua sendo do marido. Por negligência dele, a mulher está assumindo o papel de "chefe" do lar. O esposo trabalha, mas, em muitos casos, a esposa ganha mais. A presença das mulheres no mercado profissional continua crescendo, principalmente entre as de mais escolaridade. Elas representam 45% da população empregada. Entre a população economicamente ativa, a participação do trabalhador com ensino superior completo subiu de 11,7% para 15%. Mais especificamente, subiu 17,1% entre as mulheres, ante o acréscimo de 13% entre os homens. A presença feminina na população economicamente ativa com ensino superior ultrapassou a masculina e atingiu 53,6%. Em 2010, os homens eram maioria. Além disso, a evolução da presença feminina no mercado de trabalho tem sido acompanhada por avanços importantes na qualidade de seus empregos e na diversificação de suas oportunidades de trabalho.

Todo homem deve saber, ainda, que a mulher precisa se sentir protegida pelo marido. O modelo é o amor de Cristo pela Igreja: "Maridos, amai vossa mulher, como também Cristo amou a igreja e a si mesmo se entregou por ela" (Ef 5.25). É um compromisso muito sério, a ponto de, se necessário for, abrir mão da própria vida por ela. Quando há esse amor, esse abrigo e essa segurança, a submissão é natural, quase automática.

E mais: o marido deve honrar sua esposa com ações, com palavras e com tempo dedicado a ela. Se casou, não gaste mais tempo com os antigos amigos solteiros. O homem não pode exigir que a mulher tenha a mesma praticidade, objetividade, poder de reação, visão e o mesmo ritmo que ele. Ela é o vaso mais frágil, mais sensível. Certas coisas nunca poderão ser ditas. A mulher xinga, xinga, e o homem esquece. Se ele disser: "Gorda!", tem início o apocalipse! "Maridos, vós, igualmente, vivei a vida comum do lar, com discernimento;

e, tendo consideração para com a vossa mulher como parte mais frágil, tratai-a com dignidade, porque sois, juntamente, herdeiros da mesma graça de vida, para que não se interrompam as vossas orações" (1Pe 3.7).

Assim, o marido deve ser gentil, mas firme; generoso na reafirmação; cúmplice nos esforços de melhorar o casamento; rápido em identificar as necessidades da esposa; eficiente em oferecer segurança e proteção; atencioso aos detalhes; sábio, evitando críticas; e sempre presente.

A ESPOSA

A mulher tem uma série de papéis a desempenhar no casamento e no lar. Ela foi criada por Deus para exercer apoio, cuidado, conforto e segurança. Sem a esposa e o amparo que ela oferece, o homem não pode alcançar plenamente seu potencial: "Disse mais o SENHOR Deus: Não é bom que o homem esteja só; far-lhe-ei uma auxiliadora que lhe seja idônea" (Gn 2.18). Além disso, ela é administradora: deve ter sabedoria para multiplicar, administrar e investir; precisa cooperar, não desperdiçar e economizar. Luz acesa, cartão estourado, consumismo, juros e a compra de qualquer coisa em promoção são coisas que nenhum marido suporta. Lembra-se da descrição da mulher virtuosa?

> Busca lã e linho e de bom grado trabalha com as mãos. É como o navio mercante: de longe traz o seu pão. É ainda noite, e já se levanta, e dá mantimento à sua casa e a tarefa às suas servas. Examina uma propriedade e adquire-a; planta uma vinha

> com as rendas do seu trabalho. Cinge os lombos de força e fortalece os braços. Ela percebe que o seu ganho é bom; a sua lâmpada não se apaga de noite. Estende as mãos ao fuso, mãos que pegam na roca. Abre a mão ao aflito; e ainda a estende ao necessitado. No tocante à sua casa, não teme a neve, pois todos andam vestidos de lã escarlate. Faz para si cobertas, veste-se de linho fino e de púrpura. Seu marido é estimado entre os juízes, quando se assenta com os anciãos da terra. Ela faz roupas de linho fino, e vende-as, e dá cintas aos mercadores. A força e a dignidade são os seus vestidos, e, quanto ao dia de amanhã, não tem preocupações. Fala com sabedoria, e a instrução da bondade está na sua língua. Atende ao bom andamento da sua casa e não come o pão da preguiça.
>
> Provérbios 31.13-27

A esposa deve ser também amorosa, demonstrando amor sacrificial, pleno, inegociável e incondicional. Ainda que seja o vaso mais frágil, ela tem sabedoria para unir a família por meio do amor, criando uma atmosfera agradável e segura no lar: "A fim de instruírem as jovens recém-casadas a amarem ao marido e a seus filhos" (Tt 2.4). Cuidar do marido e dos filhos deve ser uma alegria e é uma atitude que reflete um coração de serva: "Nós amamos porque ele nos amou primeiro. Se alguém disser: Amo a Deus, e odiar a seu irmão, é mentiroso; pois aquele que não ama a seu irmão, a quem vê, não pode amar a Deus, a quem não vê. Ora, temos, da parte dele, este mandamento: que aquele que ama a Deus ame também a seu irmão" (1Jo 4.19-21).

O primeiro ministério da mulher é o marido. A esposa deve honrá-lo, respeitá-lo e atender às necessidades dele. Ela tem a responsabilidade de satisfazer os desejos sexuais naturais do esposo. Fisicamente, os corpos pertencem aos cônjuges, porque a relação sexual faz de dois uma só carne. Marido e esposa não devem privar um ao outro a fim de que se fortaleçam contra a tentação.

> O marido conceda à esposa o que lhe é devido, e também, semelhantemente, a esposa, ao seu marido. A mulher não tem poder sobre o seu próprio corpo, e sim o marido; e também, semelhantemente, o marido não tem poder sobre o seu próprio corpo, e sim a mulher. Não vos priveis um ao outro, salvo talvez por mútuo consentimento, por algum tempo, para vos dedicardes à oração e, novamente, vos ajuntardes, para que Satanás não vos tente por causa da incontinência.
>
> 1Coríntios 7.3-5

A mulher também deve ser intercessora, pois seus dons complementam os do marido. Sua intercessão é necessária para que a ação de Deus seja completa. Todo cristão está sujeito a ser alvo de Satanás, e, na batalha contra as forças espirituais, a oração precisa ser perseverante. Uma mulher virtuosa intercede por toda a sua família e vive em constante oração: "Com toda oração e súplica, orando em todo tempo no Espírito e para isto vigiando com toda perseverança e súplica por todos os santos" (Ef 6.18).

O respeito da esposa pelo marido deve levá-la a auxiliá-lo em todas as coisas com prazer, não por obrigação. Ela precisa demonstrar admiração, honra, cuidado e sabedoria para ouvir com interesse, apoiando no que for necessário. Esse mesmo sentimento deve ser ensinado aos filhos. Arrumar a mala do marido, mostrar alegria quando ele chega do trabalho e preparar um jantarzinho são atitudes que o deixam feliz. "Porque os olhos do Senhor repousam sobre os justos, e os seus ouvidos estão abertos às suas súplicas, mas o rosto do Senhor está contra aqueles que praticam males" (1Pe 3.12). A mulher também deve ser honesta, não deve gastar dinheiro sem o marido saber, nem quebrar a confiança por meio de engano, mentira e atitudes realizadas às escondidas: "Pois o que nos preocupa é procedermos honestamente, não só perante o Senhor, como também diante dos homens" (2Co 8.21).

Cabe à mulher, ainda, a organização e a limpeza do lar. Ela deve ser capaz de saber onde as coisas estão guardadas. Em uma casa bagunçada, tudo some. Entretanto, ninguém gosta de desordem, e por isso cada coisa deve estar em seu lugar. Homem nenhum se agrada de uma esposa relaxada, displicente e bagunceira. O marido pode até ajudá-la, mas a responsabilidade pela organização do lar é da mulher. Ela deve saber passar, cozinhar, pregar botão e administrar a casa. Se a família conta com a ajuda de uma empregada doméstica, a esposa deve supervisioná-la.

Finalmente, chegamos à tão controversa submissão, que, justamente por ser um preceito bíblico, deve ser compreendida com exatidão. Ser submissa não é ser inferior ou fazer as vezes de capacho do marido. A esposa submissa não é serviçal nem empregada do lar, muito menos passiva, apagada, anulada, oprimida, sem direito, sem vez nem voz. No plano divino, a mulher nunca foi inferior ao homem: ela foi tirada da costela, não dos pés. A palavra final, porém, é do homem. Ele é responsável diante de Deus pela família e pelo casamento. O papel da mulher é orar. A esposa não ministra ao marido — isso é antinatural —, assim como a ovelha não ministra ao pastor. A conduta da esposa propicia que Deus use os meios necessários para fazer o homem perceber em si mesmo atitudes que contrariam as funções instituídas por Deus.

A esposa deve aprender a viver o real significado do amor. O ideal do casamento perfeito não passa de um sonho, mas um bom casamento é totalmente possível. Não existe o marido "Casas Bahia", ou seja, aquele que tem como lema "Dedicação total a você!", mas existe o *seu* marido! É preciso, também, descobrir o prazer de satisfazer as necessidades do cônjuge e abandonar a dependência dos pais. A esposa deve elogiar em vez de procurar elogios para si; orar pedindo por paciência; evitar agir de modo possessivo ou ciumento; aumentar o afeto e diminuir as reclamações e exigências; e abandonar a esperança de mudar o marido com críticas e chiliques.

Para refletir

Deus não criou homens e mulheres iguais; ele os fez de maneira que se completassem. Se você e seu cônjuge fossem iguais, possivelmente a relação se tornaria monótona ou não haveria equilíbrio naquilo em que você se excede. Juntos há equilíbrio, se cada um desempenhar seu papel à luz da Bíblia.

Um desafio para você

Liste suas responsabilidades e as de seu cônjuge. Imagine como seria se uma das partes não as cumprisse.

Um desafio para você e seu cônjuge

Enumerem todas as funções e características do marido e da esposa descritas neste capítulo. Em seguida, vejam em quais delas estão falhando e o que podem fazer para consertar o que está errado.

Oração a dois

Após identificar em que pontos há falhas no cumprimento dos papéis de cada um, escrevam aqui quais são as características de marido e mulher que ainda não se manifestam em seu casamento e orem juntos sobre o que escreveram.

6

Como lidar com as diferenças?

As distinções entre o sexo masculino e o feminino ficam evidentes desde muito cedo, quer as proporcionadas pelos hormônios, quer as motivadas pela peculiar formação do cérebro em cada gênero. Some a isso os contrastes de educação, cultura, referência familiar, formação e hábitos, e o resultado são pessoas muito diferentes que passam a conviver como uma só. Não parece algo fácil, certo? E não é mesmo.

As diferenças entre homem e mulher geralmente são as causas dos conflitos no casamento. Os embates costumam ocorrer quando falhamos em suprir as necessidades do outro, na maioria das vezes porque nem mesmo as conhecemos. Se não sabemos quais são as necessidades do outro, não há como valorizá-las. O problema é que nem sempre os cônjuges têm os mesmos anseios e, portanto, possuem prioridades diferentes. Logo, a primeira e mais importante lição para evitar os desentendimentos é aprender sobre os desejos de cada um, a fim de que sejam satisfeitos.

O casamento é um relacionamento complexo. A maioria das pessoas não tem ideia de onde está se metendo quando diz: "Sim!". Elas pensam que o sucesso de uma relação a dois depende de alguma química misteriosa entre os envolvidos, e, se o relacionamento se torna difícil, dizem que os cônjuges não foram feitos um para o outro. Ser a pessoa certa, porém, não depende de uma compatibilidade misteriosa, mas de quanto se está empenhado em satisfazer as necessidades do outro. Você pode não se sentir capaz de suprir as demandas de seu esposo ou de sua esposa, mas é possível aprender a fazer isso! O naufrágio não precisa acontecer. Os casamentos podem ser levados ao estaleiro, onde serão consertados e reequipados.

A cura para as incompatibilidades entre cônjuges está em assumir com urgência e seriedade o compromisso de atender às necessidades emocionais um do outro. É de grande ajuda entender como funciona a alma feminina e a masculina e descobrir quais são os principais anseios de cada gênero. Listo a seguir as necessidades mais comuns entre homens e mulheres em geral, para ajudar você a identificar se tem falhado em suprir algo que seja importante ao seu cônjuge.

As necessidades da esposa

Um marido que cumpre seu papel dentro da família, de acordo com as orientações divinas, atende às expectativas da esposa e dos filhos. Mas há alguns detalhes aos quais o homem deve estar atento para não apenas dar conta de suas atribuições, mas para fazer de sua esposa uma mulher feliz. Um homem que deseja ser tratado como um rei deve tratar sua mulher como uma rainha.

Afeto

Para a maioria das mulheres, afeto significa segurança, proteção, conforto e aprovação. Quando o marido é afetuoso, a mulher entende as atitudes dele como se quisessem dizer: "Eu vou cuidar de você e protegê-la!"; "Você é importante para mim e não quero que nada de ruim lhe aconteça!"; "Eu me preocupo com os problemas que você enfrenta e estou do seu lado!"; "Acho que você faz um bom trabalho e estou orgulhoso de você!".

Essas coisas podem ser ditas por meio de um abraço, um passeio de mãos dadas, um jantar juntos, alguns olhares e outros pequenos gestos como esses. Abrir a porta do carro não é apenas um movimento que permite a alguém entrar em um veículo; é uma declaração que quer dizer "Eu te amo e me importo com você!". Há, inclusive, formas de fazer amor sem tirar a roupa, como escrever bilhetinhos, enviar *e-mails* e oferecer flores. O afeto faz a esposa sentir-se ligada ao marido. Sem o afeto, ela sente-se alienada dele.

Na maioria das vezes em que uma mulher é afetuosa, ela não está pensando em sexo; trata-se tão somente de uma intenção de amor carinhoso, e não carnal. Isso confunde a maioria dos homens, principalmente aqueles que pensam: "Não sou do tipo afetuoso!". Engana-se! Todo homem é capaz de aprender a ser afetuoso. Além disso, o afeto pode ter consequências maravilhosas. Passear no *shopping* de mãos dadas pode parecer um grande esforço, mas é uma atitude que, vista de outro ângulo, evita que a esposa entre em cada uma das lojas!

Há ocasiões na vida da mulher que exigem o máximo desse afeto; exemplos disso ocorrem quando ela está em período de tensão pré-menstrual (TPM), ou no início da menopausa, ou, ainda, se vier a desenvolver depressão pós-parto. A atenção e o carinho precisam ser redobrados nesses momentos.

Diálogo

A necessidade que as mulheres têm de falar é comprovada cientificamente: a neuropsiquiatria afirma que elas falam, em média, vinte mil palavras por dia, contra sete mil dos homens. Por isso, muitas vezes elas não querem conversar, precisam apenas que o marido lhes dê atenção para que possam dizer tudo o que desejam.

O diálogo faz toda diferença na vida conjugal. Há, no entanto, cuidados que precisam ser tomados. Usar a conversa para manipular o cônjuge é um risco. Não há nada de errado em pedir o que se quer, mas há diferença entre *pedir* e *mandar*. Algumas condutas femininas só servem para provocar, como resposta, afirmações masculinas do tipo: "Você só se dirige a mim para dar ordens". Também não se deve lançar mão do diálogo para ferir. É terrível quando um dos cônjuges se dirige ao outro sempre para repreender, dar bronca, humilhar, xingar e ofender. Quando isso ocorre, os anos se passam e o outro acumula lembranças de cada uma dessas ofensas, pelo que o relacionamento será muito prejudicado. Lembre-se do que o próprio Jesus alertou a esse respeito: "Eu, porém, vos digo que todo aquele que sem motivo se irar contra seu irmão estará sujeito a julgamento; e quem proferir um insulto a seu irmão estará sujeito a julgamento do tribunal; e quem lhe chamar: Tolo, estará sujeito ao inferno de fogo" (Mt 5.22). Além disso, é um equívoco achar que a conversa serve para forçar o outro a concordar com você; a finalidade do diálogo não é manipular o parceiro.

Existem atitudes a que toda pessoa casada deve estar atenta, para que a comunicação flua tranquilamente e gere os melhores resultados. É preciso dar atenção exclusiva ao cônjuge na hora do diálogo, mostrando interesse pelos assuntos que ele expõe e tendo em mente que vocês estão conversando para informar, descobrir e compreender. Essa conversa deve ocorrer de forma equilibrada, com a devida atenção para que não seja encerrada cedo ou tarde demais.

Confiança

Sem confiança, a esposa estará insegura — e ser casado com uma mulher que não tem segurança é viver todo dia um filme de terror: "Em que ele está pensando?"; "Por que chegou tarde?"; "Quem é essa fulana do Facebook?". A honestidade é uma das mais importantes qualidades em um casamento feliz. Para se sentir segura, a esposa precisa confiar no marido, que não terá segredos quanto a seu passado, presente ou futuro. Se a mulher não puder ter essa confiança ou se o esposo recusar-se a oferecer explicações, ela não conseguirá estabelecer uma base para construir um relacionamento sólido.

Seu cônjuge conhece você melhor do que qualquer outra pessoa? Sempre que ele lhe perguntar "Como se sente?", diga a verdade. Conhecer uma pessoa significa estar ciente de seus temores, suas frustrações e seus problemas. Se a esposa detecta uma mentira do marido, ou vice-versa, a confiança é completamente abalada. "Abomino e detesto a mentira; porém amo a tua lei" (Sl 119.163).

Existem alguns tipos de mentirosos. É importante que você os identifique, para não se tornar um deles. Previna-se! São eles:

O mentiroso crônico. Ele vive mentindo, inventando álibis e contando relatos fantasiosos. Aumenta as histórias para se valorizar. Distorce a verdade de forma sutil, quase imperceptível. É megalomaníaco, nutre fantasias de grandeza.

O mentiroso profissional. Ele mente sobre tudo o que faz.

O mentiroso covarde. Ele mente quando está sob pressão, a fim de evitar problemas. É aquele que, para não levar uma bronca da esposa, diz que já pagou a conta de telefone sem tê-la pago de fato.

O mentiroso protetor. Ele mente para proteger a esposa. É o que diz que está tudo bem nas finanças quando o saldo no banco já está no vermelho.

Um dos casos em que a mentira mais se faz presente é quando há traição conjugal. Se isso ocorrer, é preciso urgentemente haver arrependimento e abandono do pecado. Nesse caso, a melhor opção é confessar o erro. Mais dia, menos dia, Deus trará o pecado à luz. Se aquele que quebrou a confiança confessar o que fez, há 50% de chance de haver perdão; mas, se não contar a verdade, há 100% de probabilidade de a história acabar mal, pois a mentira sempre implica consequências nefastas. Quando houver mentiras confessadas, deixe com a esposa sua agenda e suas senhas nas redes sociais e na conta de *e-mail*. Escancare a sua intimidade. A mulher que foi traída e perdoou deve ter liberdade de acesso a tudo. A honestidade é a melhor política de segurança no casamento!

Conforto e segurança financeira

A mulher se casa com o marido pelo dinheiro? Muitas vezes... sim. No mínimo, ela espera que ele ganhe o suficiente para sustentá-la e prover a suas necessidades. Mas o que acontece quando os rendimentos do marido não são suficientes? Pode acontecer de a esposa cair no erro de perder o respeito por ele e passar a compará-lo com outros homens. Como consequência, o marido se sente diminuído, desmotivado e acusado, e desenvolve baixa autoestima. Nesse caso, a esposa está pecando, pois deveria agir como intercessora. Vocês estão construindo juntos uma história; a cooperação mútua os levará a novos níveis de prosperidade!

Liderança

As esposas desejam que o marido assuma a liderança, comprometa-se com a evolução moral e educacional dos filhos e tome para si o papel de protetor e cabeça do lar. Mulher nenhuma quer ser casada com um "banana". O sonho de uma esposa é ter como marido um homem que ela possa respeitar e admirar, com quem seus filhos se pareçam quando crescerem. Nenhuma esposa consegue estar feliz ao lado de um pai ausente: "Ensina a criança no caminho em que deve andar, e, ainda quando for velho, não se desviará dele" (Pv 22.6). Ser pai requer tempo para brincar, orientar no dever de casa, apoiar, elogiar, orar junto, fazer culto doméstico, assistir a eventos na escola, ir à igreja juntos e pensar em programações que envolvam toda a família. O melhor marido é o bom pai!

AS NECESSIDADES DO MARIDO

Assim como as mulheres, os homens também têm suas necessidades. Uma esposa sábia e virtuosa está atenta a elas, para não deixar nenhuma rachadura se instalar na fortaleza que é sua família. A sabedoria feminina é uma das principais armas para a preservação de um lar.

Realização sexual

Satisfaça as necessidades de seu cônjuge assim como você espera que ele satisfaça as suas: "Como quereis que os homens vos façam, assim fazei-o vós também a eles" (Lc 6.31). O sexo deve ser um ato de prazer, e não de obrigação. Deus o criou para que tanto o homem quanto a mulher desfrutassem das alegrias e do deleite que ele proporciona. O apóstolo Paulo adverte sobre a incontinência, que se refere à perda de controle causada pela falta de sexo: "Não vos priveis um ao outro, salvo talvez por mútuo consentimento, por algum tempo, para vos dedicardes à oração e, novamente, vos ajuntardes, para que Satanás não vos tente por causa da incontinência" (1Co 7.5).

Companheirismo

O marido espera que a mulher seja sua companheira, que siga com ele e que ambos descubram áreas de interesse mútuo.

É possível que a esposa seja a melhor amiga do marido. O casal que se diverte unido permanece unido!

Beleza

Quando se casaram, a esposa era esbelta, cuidava da estética, fazia dieta e frequentava a academia. Depois de algum tempo de casados, ela relaxou, engordou, parou de se cuidar e começou a dizer: "Eu quero que você me ame por aquilo que eu sou!". Se o cônjuge considera a atração física muito importante, para ele a aparência será um assunto muito sério. "Mas eu faço comida gostosa, com carinho; a casa está sempre em ordem...". Não é o bastante! Está faltando algo. Não se trata de um capricho do marido; é uma necessidade muito importante, emocional. Os cuidados com a aparência e a beleza geram também outros benefícios, como melhorias de saúde, autoestima e autoimagem. Apresentar-se para o marido como uma mulher linda é uma das maiores contribuições que a esposa pode dar a ele.

É óbvio que o cônjuge deve olhar muito além da aparência exterior, valorizando outras qualidades que os manterão unidos. A mulher não vai permanecer eternamente jovem. Ela terá filhos, o corpo mudará e, com isso, surgirão estrias, manchas no rosto e rugas. Se o homem não puder amar e apreciar sua esposa enquanto envelhecem juntos, então não é um homem de verdade. Agindo assim, seus valores se provarão carnais, e seus princípios se revelarão contaminados pela futilidade do mundo. Mas, sem dúvida, uma mulher que se importa com as necessidades do marido e as supre terá um esposo realizado. Do contrário, ele será frustrado. Toda mulher pode melhorar a própria aparência para agradar o marido. Ela deve arrumar-se para ele, e não para suas amigas ou para si mesma. Se ele gosta de unhas com esmalte branco, por que pintá-las de preto? Se ele gosta de cabelo comprido, por que cortar as madeixas no estilo *chanel*? Se ele não gosta de batom, por que razão a esposa usaria nos lábios a cor "vermelho-sangue-do-Cordeiro"?

A mulher deve fazer o que estiver ao seu alcance. Não há como não envelhecer, mas esse processo natural não tem nada a ver com saúde e aparência descuidadas. O casal precisa saber curtir as fases vividas. Por outro lado, se o homem deseja que sua esposa se cuide, deve dar a ela todo o apoio, pagar a academia e o salão de beleza, oferecer a verba para o mundo encantado das compras e o suporte necessário para o bem-estar e os cuidados especiais com a apresentação pessoal.

Senso de admiração

A admiração da esposa é um elemento motivador para o marido. Quando um homem escuta: "Você é maravilhoso!", a tendência é que ele fique cada vez melhor, pois passa a se sentir capaz e inspirado a assumir novas responsabilidades. A mulher precisa admirar seu marido por aquilo que ele é, não por aquilo que possa vir a ser. O ser humano responde melhor aos elogios que às críticas. Em geral, a maioria das pessoas com opiniões ruins sobre si mesmas e com baixa autoestima foi muito criticada e julgada por sua família de origem. A cura é possível quando esses indivíduos estão cercados de gente que acredita em seu potencial, que os ama e apoia. Um ambiente de críticas é muito perigoso para a saúde do casamento. Ao lado de todo homem deve haver uma mulher que o admira e que não o critica publicamente, sobretudo na presença de parentes ou amigos.

Tranquilidade e apoio doméstico

Todo homem sonha com um lar de paz, alegria e tranquilidade. Por quê? Porque nada na terra se parece mais com o inferno do que um lar destruído. Por essa razão, tantos homens preferem ir ao *happy hour* depois do trabalho, visto que lhes falta o prazer de estar em casa. Todo homem sonha em chegar do trabalho e ser recebido com amor, carinho e festinha, encontrar a casa arrumada, o jantar pronto e uma conversa agradável. Depois, o casal vai para a cama e se ama. O homem atual pode viver num mundo diferente, em que sobra pouco tempo para a família, mas suas necessidades naturais não mudaram.

Se o homem não quer ajudar a esposa nos afazeres domésticos, deve contratar uma empregada, faxineira, babá ou cozinheira. Do contrário, o ideal seria dividir as tarefas, para não sobrecarregar a mulher. No entanto, a responsabilidade sobre o lar continua sendo dela.

Este é o cenário de uma casa caótica: se o marido chegar a uma reunião de trabalho com a camisa sem botão e amassada, será hostilizado. Esse é o tipo de experiência que talvez o leve a questionar sua ajudadora e a ter problemas com ela. Na casa bagunçada, sem organização, ninguém encontra o que deseja.

Os filhos não têm disciplina, cada um dorme e come na hora que quer. As pessoas ficam sem almoço, sem jantar, estão sempre pedindo comida de restaurante e, quando a mulher resolve cozinhar, sai aquela gororoba! O homem compra um travesseiro para ele, mas a esposa o empresta a uma visita: isso irrita profundamente o esposo. Uma mulher que assume sua responsabilidade no lar supre uma importante necessidade do marido e colhe, desse investimento, grandes dividendos.

DIFERENÇAS DE TEMPERAMENTO

Temperamento consiste na combinação de características inatas que, de forma inconsciente, afetam o comportamento de uma pessoa. Essas características, que são genéticas, incluem inteligência, raça e sexo, além de muitos fatores. Os tipos de temperamento derivam de quatro grupos básicos: sanguíneo, colérico, melancólico e fleumático.

A maioria das pessoas apresenta uma mistura de temperamentos, reproduzindo características de seus pais e avós. Geralmente, há um tipo predominante no indivíduo. Porém, também são encontrados traços de um ou dois outros tipos. O temperamento dos extrovertidos tem uma predominância sanguínea ou colérica, enquanto os introvertidos são, de maneira geral, melancólicos ou fleumáticos.

Conhecer os diferentes temperamentos é de fundamental importância para o estudo sobre felicidade conjugal, pois ajuda a entender por que as pessoas são tão diferentes. Temperamentos diferentes podem se autoajustar e até se completar. Na verdade, nenhum temperamento é empecilho para uma vida feliz, a não ser que o indivíduo não saiba administrar sua personalidade. As pessoas são atraídas umas pelas outras com base em suas qualidades, ainda que a cada virtude corresponda uma fraqueza.

Sanguíneo

A pessoa de temperamento sanguíneo é afetuosa, alegre e animada. É também naturalmente acolhedora e gosta de estar com outras pessoas, pois não aprecia a solidão; está sempre rodeada de amigos. Tem um repertório infinito de histórias interessantes, que são contadas de maneira dramática. Tanto crianças quanto adultos gostam de indivíduos desse tipo, sempre bem-vindo em festas e reuniões sociais.

A pessoa em quem esse temperamento é predominante nunca se embaraça com as palavras. Quase sempre fala antes de pensar, mas sua sinceridade tem o efeito de desarmar muitos de seus ouvintes, cativando-os com seu bom humor. A forma extrovertida de ver a vida faz esse tipo de gente ser invejado por aqueles de temperamento mais tímido.

O indivíduo considerado sanguíneo é facilmente afetado por impressões externas. Por isso, toma a maior parte de suas decisões com base nas emoções, e não no raciocínio. Seu estilo barulhento, tempestuoso e amigável o faz parecer mais confiante de si mesmo do que realmente é. Sua energia e adorável disposição o ajudam a superar os desafios da vida. Pessoas com esse temperamento tornam-se bons vendedores, professores, conversadores, atores, oradores e líderes. Sua vontade frágil, no entanto, pode torná-las deficitárias e inconstantes. Tendem a ser emocionalmente inquietas, indisciplinadas, egoístas e explosivas.

Colérico

O temperamento colérico é encontrado no indivíduo extrovertido, explosivo, vivo, ativo, prático e decidido, que tende a ser autossuficiente, independente, decisivo e de opinião forte. Tem facilidade de tomar decisões por si mesmo e pelos outros. Gosta de atividade. De fato, para ele, a vida é atividade.

Não precisa de estímulo; ao contrário: com suas ideias, seus planos e suas ambições inesgotáveis, instiga o ambiente em que se encontra. A atividade contínua sempre tem um objetivo, visto que o indivíduo colérico é portador de uma mente aguçada e prática, capaz de tomar decisões rápidas e criar projetos importantes e ousados.

O colérico não vacila diante da pressão das opiniões alheias. Tem posição definida sobre os assuntos e, com frequência, pode ser visto lutando por alguma grande causa social. Raramente se deixa amedrontar por adversidades. Na verdade, os desafios tendem a encorajá-lo. Tem uma determinação obstinada, o que geralmente faz dele uma pessoa bem-sucedida em situações em que outros costumam falhar não porque seus planos são melhores, mas por se manter empolgado em situações em que a maioria já teria desistido. Se há alguma verdade no ditado "Líderes não são formados; eles simplesmente nascem", então o colérico nasceu líder.

Entre seus pontos fracos está o aspecto emocional, que costuma ser a parte menos desenvolvida de seu temperamento.

O colérico não simpatiza facilmente com os outros, nem mostra ou exprime compaixão natural. Na realidade, sempre se embaraça ou se incomoda com as lágrimas alheias. Não é dado à análise. Ao contrário, avalia as situações de maneira intuitiva. Foca-se no objetivo, sem enxergar as possíveis armadilhas e obstáculos em seu caminho. Uma vez que tenha definido um objetivo, atropelará quem se puser em sua frente. Tende a ser dominador, uma pessoa de difícil convivência, já que pode assumir uma postura impulsiva, cruel, impetuosa e autossuficiente. Os coléricos são mais apreciados pelos amigos e companheiros do que pelos membros da própria família.

Muitos dos grandes generais e líderes do mundo se revelaram coléricos: são bons administradores, homens dotados de ideias, produtores. Mas também podem se tornar ditadores ou criminosos, dependendo do padrão moral que adotam.

Melancólico

O melancólico é analítico, abnegado, perfeccionista e emocionalmente sensível. É também introvertido, mas de humor variável, já que pode ser dominado pelas emoções. Essa variação de humor o leva a oscilar entre o estado de êxtase, mais extrovertido, e o depressivo e hostil.

É um amigo de confiança. Porém, não faz amizades facilmente. Não se esforça para travar relações com as pessoas. Antes, espera que os outros venham até ele. Talvez seja o mais fiel dos temperamentos, pois suas tendências perfeccionistas o impedem de ser relapso ou de abandonar pessoas que dele dependem.

As decepções o tornam relutante em aceitar as pessoas como elas parecem ser. Por isso, desconfia quando alguém o procura ou lhe dá muita atenção. Sua excepcional capacidade de análise o torna capaz de produzir diagnósticos profundos dos obstáculos e perigos inerentes a qualquer projeto de que participe. Por isso, o melancólico hesita em iniciar um novo negócio e evita entrar em conflitos.

Geralmente, o melancólico encontra o significado de sua vida em seu sacrifício pessoal. Parece ter vontade de sofrer e, por isso, busca uma vocação difícil, que envolve grande resignação. Por outro lado, é persistente em alcançar seu objetivo. O melancólico revela grande potencial quando impulsionado pelo Espírito Santo. Muitos dos maiores artistas, músicos, inventores, filósofos, educadores e teóricos são de temperamento melancólico. Esse temperamento caracteriza a maior parte dos gênios do mundo, quando enfatizados seus pontos fortes, e a maioria dos homens imprestáveis, quando os pontos negativos sobressaem.

Entre seus pontos fracos estão o egocentrismo, a sensibilidade excessiva, o pessimismo, a postura altamente crítica, o mau humor e o caráter vingativo. Os melancólicos têm, geralmente, mais dificuldade em superar questões emocionais. Quando esmagados por suas fraquezas, são consumidos por medo, depressão e complexos de perseguição e culpa.

Fleumático

O temperamento fleumático é calmo, frio, vagaroso, fácil de lidar e bem equilibrado. Para o fleumático, a vida é uma experiência feliz, tranquila e agradável; mas ele evita, ao máximo, o envolvimento com os outros. Raramente se perturba, se irrita ou dá risadas. Equilibrado e coerente, tem personalidade quase tímida. Emociona-se mais do que aparenta. Em geral, é bondoso e compreensivo, mas raramente demonstra seus verdadeiros sentimentos.

Tem um senso de humor seco, capaz de levar uma multidão às gargalhadas, enquanto ele mesmo não esboça um sorriso sequer. Possui a capacidade singular de ver coisas engraçadas nos outros e naquilo que faz. Sua prodigiosa memória faz dele um bom imitador, de modo que se diverte ao provocar ou fazer troça de pessoas com outros tipos de temperamento.

Tende a ser um espectador e procura não se envolver demasiadamente com as atividades alheias. Normalmente, é com grande relutância que se sente motivado a qualquer forma de atividade além de sua rotina diária. O fleumático, assim como o colérico, pode sensibilizar-se com injustiças sociais, mas as reações são inteiramente diferentes. O espírito de luta do colérico o levará a dizer: "Vamos organizar uma comissão e fazer uma campanha para solucionar o problema!". O fleumático, pelo contrário, reagiria assim: "Essas condições são terríveis! Por que ninguém faz nada a respeito?". Não procura ser líder, mas, quando é posto em tal posição, prova que é capaz, pois tem habilidade de conciliação e é pacifista por natureza. O fleumático se adapta bem às atividades de diplomata, contador, professor, líder e cientista, entre outros.

A principal fraqueza do fleumático, que o impede de desenvolver seu potencial, é a falta de motivação, ou a preguiça. É teimoso, indeciso e medroso. Geralmente, é de fácil convivência, mas sua forma descuidada e vagarosa pode irritar um parceiro de personalidade mais agitada. Em geral, indivíduos com esse temperamento são boas companhias para seus filhos, pois é mais fácil, para os fleumáticos, parar o que estão fazendo e brincar com as crianças do que seria para aqueles de temperamento mais ativo.

Conflitos de temperamento

Muitos conflitos costumam surgir em um casamento quando os pontos fracos de um cônjuge fazem aflorar os aspectos negativos do outro. São os chamados "conflitos de temperamento".

Antes do casamento, muitos casais estão tão apaixonados que enxergam somente os pontos fortes um do outro. Entretanto, depois que passa a novidade, as fraquezas de cada um — e que todo ser humano tem — começam a aparecer. Essas limitações exigem ajustes, ou seja, deve-se aprender a aceitar as fraquezas do parceiro. É importante que o casal conte com a ajuda do Espírito Santo, para que possa desenvolver as virtudes do fruto do Espírito: "Mas o fruto do Espírito é: amor, alegria, paz, longanimidade, benignidade, bondade, fidelidade, mansidão, domínio próprio. Contra estas coisas não há lei" (Gl 5.22-23). Ao mesmo tempo, as fraquezas começam a ser moldadas, pois o Espírito Santo também auxilia o casal a transformar fragilidades em virtudes.

O texto de Gálatas aponta nove características de um cristão cheio do Espírito Santo. Cada uma delas auxilia o crente a superar suas fraquezas naturais. Um cristão cheio do Espírito Santo alcança maior alegria no casamento, pois se beneficia da ajuda de Deus para vencer as próprias falhas, tornando-se, assim, menos censurável aos olhos do parceiro. Além disso, o Espírito Santo lhe dá graça para tolerar e viver alegremente com as limitações do cônjuge.

Para entender melhor essas "conflitos de temperamento", imagine as situações a seguir:

- Cláudio, sanguíneo, está sempre chegando atrasado aos compromissos com a esposa, Paula. Por vezes, a deixa esperando por horas antes do jantar. Sua falta de pontualidade desperta na mulher um sentimento de rejeição e desonra. Ela, melancólica e perfeccionista, sente muita dificuldade em perdoar e esquecer. Depois de alguns anos, Paula se cansa das desculpas de Cláudio.
- João, colérico, se dedica inteiramente aos negócios. A esposa se sente abandonada. Ela não percebe que, antes do casamento, ele havia se doado integralmente, como é de seu costume, para alcançar o objetivo de casar-se com ela. Agora que o "projeto do casamento" já se realizou, ele se preocupa com o próximo passo: sustentá-la. Se ela é desleixada, João fica muito irritado com tamanha desorganização e a ofende com palavras cruéis e sarcásticas. Antes, ele a considerava uma pessoa gentil e calma. Agora, interpreta as mesmas características como evidência de preguiça e falta de motivação.
- Joana, melancólica, logo depois de seu casamento sente-se frequentemente depressiva. O alívio natural que vem após a tensão das vésperas da cerimônia a levou a um período de depressão. Seu marido é impaciente

e fica frustrado. Ela permanece em silêncio, isolada, e chora. Sua sensibilidade exacerbada a faz suspeitar de que seu marido não a ama mais. O perfeccionismo da esposa, quando dirigido para o trabalho doméstico, torna sua casa impecavelmente cuidada, de modo que o marido não se sente à vontade ali. Ela pode ficar irritada quando ele coloca os pés sobre a mesa ou não apanha as meias do chão. Uma das maiores tentações de Joana é manter todas as suas frustrações armazenadas dentro dela. No futuro, porém, elas "explodem", gerando nervosismo, úlcera ou outros males.

- A falta de motivação de Roberto, fleumático, torna-se exaustiva para sua esposa. Sendo uma pessoa muito caseira, ele pode se tornar enfadonho. Se a esposa fizer um esforço para sair e passear, descobrirá que ele até se divertiu com a programação.

As diferenças entre marido e mulher não precisam desencadear consequências desastrosas. Nenhuma divergência deve ameaçar um relacionamento. O modo como o casal aborda suas diferenças é que vai determinar o sucesso ou a ruína do matrimônio. Muitos dos relacionamentos estáveis de hoje já experimentaram, algum dia, fortes conflitos de temperamento.

Se você sentir frustração, ressentimento ou qualquer outra forma de hostilidade, deve investigar objetivamente a causa de tais conflitos. Sua paz de espírito não deve depender do comportamento de seu companheiro. Se for esse o seu caso, saiba que isso entristece o Espírito Santo; então, em primeiro lugar, confesse seu pecado.

> E não entristeçais o Espírito de Deus, no qual fostes selados para o dia da redenção. Longe de vós, toda amargura, e cólera, e ira, e gritaria, e blasfêmias, e bem assim toda malícia. Antes, sede uns para com os outros benignos, compassivos, perdoando-vos uns aos outros, como também Deus, em Cristo, vos perdoou.
>
> Efésios 4.30-32

Em segundo lugar, ore a respeito das ações de seu cônjuge, pedindo a Deus que ajude o parceiro a enxergar as próprias falhas. Estimule seu companheiro a conversar com você sobre o assunto. Fale com ele sobre os pontos em que pode melhorar. Isso deverá ser feito sempre com amor. Aproveite o momento apropriado, quando você puder compartilhar objetivamente seus sentimentos sem se emocionar demais. Nunca fale com raiva e sempre dê ao seu cônjuge tempo para pensar sobre o que você disse. Depois, deixe o assunto a cargo do Espírito Santo.

Peça a Deus para encher você de amor por ele mesmo e por seu cônjuge, de forma que possa verdadeiramente amar seu companheiro, apesar das fraquezas que ele apresenta. Esqueça os erros e pecados passados: "Esquecendo-me das coisas que para trás ficam e avançando para as que diante de mim estão, prossigo para o alvo, para o prêmio da soberana vocação de Deus em Cristo Jesus" (Fp 3.13-14).

Ao seguir repetidamente esse procedimento, você saberá que sua reação diante das atitudes de seu companheiro será dirigida pelo Espírito Santo, e seu amor aumentará de tal maneira que será capaz de cobrir uma infinidade de falhas.

Para refletir

O homem irresistível é afetuoso, gentil, carinhoso, genuíno e amoroso; tem compromisso com a família; governa o lar, demonstrando total interesse pelos assuntos de cada um; é adepto do diálogo e da atenção; mostra-se honesto, franco, equilibrado e fiel a Deus.

A mulher irresistível satisfaz de forma extraordinária as necessidades do marido, realizando-o sexualmente; acompanha o esposo; porta-se como sua mulher e amiga; cuida da própria saúde e aparência, de modo que ele se orgulhe dela e se sinta atraído fisicamente; mantém o lar organizado (a casa que oferece o aconchego de um ninho é como um refúgio para o marido); admira, aprecia, compreende e apoia o companheiro.

Um desafio para você

Realize algo que você sabe que deixará seu cônjuge feliz e que você não faz há algum tempo.

Um desafio para você e seu cônjuge

Escolham um programa que vocês não fazem juntos há algum tempo e o façam no próximo fim de semana.

Oração a dois

Para um casamento feliz, Deus aconselha que ambos atentem para as necessidades um do outro. Em que seu cônjuge precisa de você? O que você tem feito para atendê-lo? Escrevam aqui os pontos em que têm deixado a desejar e orem juntos sobre o que escreveram.

7

Amor e raiva

A Bíblia possibilita que entendamos em profundidade o que é o amor: basta olhar para Deus: "Aquele que não ama não conhece a Deus, pois Deus é amor" (1Jo 4.8). O Senhor não condiciona seu amor a que o amemos ou façamos algo por ele, pois jamais seremos merecedores de tão grande amor. O Pai simplesmente quis nos amar e demonstrou a magnitude desse sentimento ao entregar seu único Filho, Jesus, para morrer por mim e por você. "Mas Deus prova o seu próprio amor para conosco pelo fato de ter Cristo morrido por nós, sendo nós ainda pecadores" (Rm 5.8). Crer nessa verdade e entender a amplitude desse amor é crucial para pôr em prática o mandamento de Jesus: "Que vos ameis uns aos outros, assim como eu vos amei" (Jo 15.12).

O amor de Deus por nós é maior que nossos erros. Quando falhamos, ele não nos vira as costas; pelo contrário, tenta se reaproximar, nos estende graça e abre oportunidade para o arrependimento. Como o amor conjugal é um reflexo do amor divino, o amor pelo cônjuge deve estar acima de qualquer desentendimento. O apóstolo Paulo esclarece que o amor do homem por sua esposa deve ser como o de Cristo pela Igreja (Ef 5.25). O segredo do amor é viver um relacionamento espiritualmente maduro, que cresce a cada reconciliação; que perdoa, esquece e ora incessantemente.

Se você deseja mudanças em sua vida a dois, comece fazendo a diferença, mesmo que acredite que essa conduta deva partir do seu cônjuge. Para isso, existem alguns pontos que merecem reflexão e que devem gerar atitudes concretas. Para começar, aceite e mude o que você pode mudar: você mesmo. Com isso, assuma a responsabilidade por suas escolhas. Entenda, também, que Deus pôs seu cônjuge em sua vida a fim de que vocês vivam juntos para sempre, e lembre-se de que seu futuro não pode ser projetado com base nos erros do passado. Assumir o compromisso e a responsabilidade pela qualidade de seu relacionamento conjugal é uma postura indispensável. Por fim, torne a oração um hábito cotidiano e estimule seu cônjuge a fazer a mesma coisa. Deus precisa estar sempre em primeiro lugar!

Como vimos, o amor deve persistir até que a morte separe o casal. Mas será realmente possível casar e viver um amor crescente, progressivo e verdadeiro? A resposta é sim! "O amor jamais acaba; mas, havendo profecias, desaparecerão; havendo línguas, cessarão; havendo ciência, passará" (1Co 13.8). O que determina a longevidade e a eternidade do amor não é o que nos golpeia, mas a maneira como respondemos aos golpes — se vamos ou não assimilá-los e aprender com eles.

O amor verdadeiro é aquele a que a pessoa se entrega sem reservas; é algo indestrutível e incorruptível: "As muitas águas não poderiam apagar o amor, nem os rios, afogá-lo; ainda que alguém desse todos os bens de sua casa pelo amor, seria de todo desprezado" (Ct 8.7). O amor é o tema principal dos mandamentos que Jesus nos deixou, além de ser a primeira virtude mencionada no fruto do Espírito (Gl 5.22). Uma das passagens mais conhecidas e significativas da Bíblia trata exatamente do amor.

> Ainda que eu fale as línguas dos homens e dos anjos, se não tiver amor, serei como o bronze que soa ou como o címbalo que retine. Ainda que eu tenha o dom de profetizar e conheça todos os mistérios e toda a ciência; ainda que eu tenha tamanha fé, a ponto de transportar montes, se não tiver amor, nada serei. E ainda que eu distribua todos os meus bens entre os pobres e ainda que entregue o meu próprio corpo para ser queimado, se não tiver amor, nada disso me aproveitará. O amor é paciente, é benigno; o amor não arde em ciúmes, não se ufana, não se ensoberbece, não se conduz inconvenientemente, não procura os seus interesses, não se exaspera, não se ressente do mal; não se alegra com a injustiça, mas regozija-se com a verdade; tudo sofre, tudo crê, tudo espera, tudo suporta. O amor jamais acaba; mas, havendo profecias, desaparecerão; havendo línguas, cessarão; havendo ciência, passará; porque, em parte, conhecemos e, em parte, profetizamos. Quando, porém, vier o que é perfeito, então, o que é em parte será aniquilado. Quando eu era menino, falava como menino, sentia como menino, pensava como menino; quando cheguei a ser homem, desisti das coisas próprias de menino. Porque, agora, vemos como em espelho, obscuramente; então, veremos face a face. Agora, conheço em

> parte; então, conhecerei como também sou conhecido. Agora, pois, permanecem a fé, a esperança e o amor, estes três; porém o maior destes é o amor.
>
> 1Coríntios 13

Assim, vemos que a Palavra de Deus define o que é o amor (é paciente e benigno), mostra o que ele faz (regozija-se com a verdade) e o que não faz (não arde em ciúmes, não se ufana, não se ensoberbece...) e revela do que é capaz (tudo sofre, tudo crê, tudo espera, tudo suporta). Se assimilarmos essas informações sobre o amor, saberemos reconhecê-lo quando depararmos com ele e também conseguiremos desmascarar sentimentos que aparentam ser amor mas não são (como a paixão).

DIANTE DA RAIVA, BUSQUE O PERDÃO

Um dos aspectos mais importantes do amor é o perdão. Certa vez, perguntaram ao pastor estadunidense Tim Keller: "Qual é o aspecto mais importante ao se escolher alguém para se casar?". Ele respondeu: "Além de ter a mesma fé, deve-se escolher alguém que consiga perdoar e se arrepender constantemente". Essa é uma grande verdade, pois o amor conjugal só sobrevive mediante o exercício constante do perdão. Como a vida a dois pressupõe muitos encontros e desencontros, atritos e problemas, além da indesejável prática de pecados, é preciso exercer constantemente o amor que perdoa. Se algo aconteceu e isso gerou mágoas entre os cônjuges, deve-se entender que ninguém tem poder para mudar o passado, mas pode-se crescer ao aprender com as experiências negativas. É importante resolver os problemas e não alimentar culpa pelo que já passou. No lugar do martírio, reflita sobre o que deveria ter sido feito de modo diferente.

Você é livre! Não gaste tempo pensando se o que aconteceu poderia ter ocorrido de outra forma — poderia, sim, mas não foi o que ocorreu. Não culpe o passado. Se você vive essa situação, diga para si mesmo: "Não quero mais ficar preso ao passado; quero um novo começo!" e aja no sentido de fazer acontecer. Algumas pessoas têm mais facilidade de perdoar os outros por pecados que eles tenham cometido do que a si mesmas. A elas, é importante lembrar que o sacrifício de Jesus na cruz pagou a dívida que tínhamos com Deus. Se você errou, mas se arrependeu e confessou seu pecado, confie no perdão divino: "Então, lhe disse Jesus: Nem eu tampouco te condeno; vai e não peques mais" (Jo 8.11).

Não deixe que a amargura encha seu coração a ponto de você não conseguir perceber as maravilhas que Deus tem feito em sua vida. Um coração amargurado prejudica o relacionamento com o Senhor e impede até mesmo o surgimento de esperança em um futuro melhor. "Pois, para com as suas iniquidades, usarei de misericórdia e dos seus pecados jamais me lembrarei" (Hb 8.12). Se o próprio Deus se esquece do que passou, por que continuar se culpando?

Muitas vezes, os problemas conjugais que levam à raiva e à ira ocorrem porque o ser humano tem a tendência de assumir e reencenar comportamentos, maus hábitos e, até mesmo, pecados dos pais — como falta de diálogo, constrangimento, ameaças, murmuração ou autocomiseração. Se esse for o seu caso, lembre-se de que nosso referencial maior deve ser, sempre, Jesus. A maneira como os pais agem afeta os padrões de comportamento dos filhos. Eles são a primeira referência para o bem e para o mal. Por isso, observe se você tem atitudes que dizia que nunca teria, ou se repete o que via de pior na casa de seus pais. Desvie-se de toda herança negativa. Identifique e analise as práticas herdadas, para superá-las e ir além. Não permita que os traumas da infância afetem sua conduta com o cônjuge. Do contrário, essa herança é que determinará seu futuro! Escolha recomeçar! Reconheça e rejeite comportamentos destrutivos e comprometa-se com seu parceiro e seus filhos. Faça isso por você e por sua família!

Se houve um dano em seu casamento e você foi a pessoa que o provocou, simplesmente reconheça o erro e se arrependa: "Se confessarmos os nossos pecados, ele é fiel e justo para nos perdoar os pecados e nos purificar de toda injustiça" (1Jo 1.9). Arrependimento implica mudança de direção. Atente para esta sequência: admita, renuncie, redefina e reordene. O resultado é garantido. O apóstolo Paulo escreveu mais de uma vez sobre isso: "Irmãos, quanto a mim, [...] uma coisa faço: esquecendo-me das coisas que para trás ficam e avançando para as que diante de mim estão, prossigo para o alvo, para o prêmio da soberana vocação de Deus em Cristo Jesus" (Fp 3.13-14); "Quanto ao trato passado, vos despojeis do velho homem, que se corrompe segundo as concupiscências do engano, e vos renoveis no espírito do vosso entendimento, e vos revistais do novo homem, criado segundo Deus, em justiça e retidão procedentes da verdade" (Ef 4.22-24).

É uma característica inerente ao ser humano alimentar certo grau de raiva relacionada a experiências passadas. Só que a raiva pode ser muito prejudicial, uma vez que ela provém do medo, da decepção, da mágoa, da mentira, das ofensas e das expectativas frustradas. Quando esses abusos se tornam constantes, a raiva se acumula e se transforma em ira, que é condenada pela Bíblia: "Porque a ira do homem não produz a justiça de Deus" (Tg 1.20). A ira produz o que Deus não aprova.

A rota de destruição começa nesse cenário e, então, você permite que pessoas ou circunstâncias roubem seu amor pela vida. De que modo uma pessoa dominada pela raiva conseguiria obedecer aos mandamentos de Jesus quanto a amar os inimigos (Mt 5.43-48) e não odiar os irmãos (Mt 5.21-26)? Imagine o desastre que um sentimento como esse provoca no casamento. Por isso, você nunca deve retornar às situações do passado que prejudicaram o amor. O caminho é sempre para a frente!

A raiva brota quando se sente necessidade de culpar alguém pelo fracasso e, por isso, ela se torna a resposta para tudo o que foge de nosso controle. A raiva não resolvida, guardada ou esquecida afeta os relacionamentos interpessoais e até a relação com Deus. É preciso estar atento para que ela não conduza ao pecado. "Irai-vos e não pequeis; não se ponha o sol sobre a vossa ira, nem deis lugar ao diabo" (Ef 4.26-27). Por isso, é preciso perdoar quanto antes, para não permitir que a raiva aumente ou acumule. Caso contrário, Satanás pode se aproveitar desse sentimento: "Segui a paz com todos e a santificação, sem a qual ninguém verá o Senhor, atentando, diligentemente, por que ninguém seja faltoso, separando-se da graça de Deus; nem haja alguma raiz de amargura que, brotando, vos perturbe, e, por meio dela, muitos sejam contaminados" (Hb 12.14-15). Portanto, se o que você pretende falar ou fazer não servir para edificar, abençoar ou ajudar, é melhor evitar. Atitudes impensadas podem despertar raiva em seu cônjuge.

Esse sentimento não é saudável para o cristão, em especial quando o assunto é o relacionamento conjugal. Há uma gama de ações que desencadeiam o acúmulo de raiva: esquecer-se de fazer o que o cônjuge pede, ou apenas prometer e não cumprir; desrespeitar ou envergonhar o outro em público; culpar o outro por algo pelo que você também é responsável ("A criança está com febre!"); mostrar descaso ou falta de consideração; ignorar um simples pedido para reduzir a temperatura do ar-condicionado ou para fechar o vidro do carro, a fim de manter o penteado; faltar com a pontualidade; ter de vestir roupas amassadas; adulterar; consumir pornografia; trair a confiança. Esteja atento às suas atitudes e não provoque raiva em seu cônjuge. E, claro, não permita que a raiva encontre abrigo em sua alma. Busque sempre o diálogo como forma de esclarecimento.

Toda vez que a ira brota num lar, a consequência imediata é o distanciamento entre os cônjuges. A pessoa irada perde a vontade de se aproximar, torna-se indiferente, fria, incapaz de dar e receber amor — ou mesmo de perceber o amor. Pessoas feridas criam barreiras de autoproteção, que, muitas vezes, se resumem a afirmações como: "Já amei, mas me machuquei muito. Isso nunca mais vai acontecer! Ninguém mais vai ter essa chance!". No segundo momento, a pessoa se distancia não só do cônjuge, mas também de Deus. A raiva afeta a vida espiritual e turva o coração: "Aquele que diz estar na luz e odeia a seu irmão, até agora, está nas trevas" (1Jo 2.9). O indivíduo ferido questiona: "Como Deus permitiu que algo assim acontecesse comigo? Será que Deus me ama de verdade? Eu confiei, esperei nele e...". No terceiro estágio, a raiva causa o distanciamento de nós mesmos, pois passamos a sofrer de baixa autoestima e a ter uma autoimagem muito negativa. Surgem pensamentos do tipo: "A vida me frustrou, tudo deu errado..."; "Eu sou um lixo!"; "Eu mereço esse infortúnio, pois não sou bom o suficiente". A consequência é desastrosa: censura, culpa, isolamento, vícios, depressão, ataque como forma de defesa, desgosto quanto ao que ouve a seu respeito falta de admiração pelo que vê em si mesmo.

A raiva não controlada se torna um elemento destrutivo e pode descambar até mesmo para um problema psiquiátrico. Ela constrói um ciclo de dor que, se não for resolvido, acaba gerando um distúrbio de personalidade passivo dependente ("Não consigo viver sem que alguém cuide de mim!"). Como a pessoa irada só vê os aspectos negativos de uma situação, sente-se desapontada com tudo e nenhum elogio é suficiente.

A ira também provoca falência emocional, já que ninguém pode suprir as próprias carências. O desejo de estar próximo do cônjuge permanece, mas a presença do outro é sufocante; isso acaba de vez com o relacionamento. Quando esse processo acontece, o fracasso se repete, aumentando a mágoa e o sentimento de rejeição — o que gera sensação de abandono, frustração, medo e solidão.

Por fim, outra consequência é que o nível de maturidade fica estagnado no ponto em que a ofensa ocorreu. Há casos em que os pais se separaram quando a pessoa tinha 10 anos e, por causa desse acontecimento, ela fica paralisada emocionalmente na infância. Os amigos se perguntam: "Por que fulano é tão infantil?", "Por que diz coisas que machucam tanto?". A explicação é que as ações desse indivíduo são fruto de traumas antigos. Assim, vemos que, quando não resolvida, a raiva rouba a alegria, provoca culpa e aprisiona.

Mas há um aspecto positivo em meio a tudo isso: quando se adquire consciência dos danos que a raiva pode causar a si próprio, fica mais fácil evitar que se alimente esse sentimento. Medite sobre o passo a passo a seguir descrito e não permita que os danos mencionados até aqui aconteçam com você em seu casamento.

Defina a ofensa. O que realmente aconteceu? O que você perdeu? De que se privou? É importante identificar com precisão o problema para que não haja lugar para negação, racionalização, raiva ou depressão.

Confesse. Exponha sua raiva a Deus. Peça perdão a seu cônjuge.

Aceite o sofrimento. Sofrer é um passo essencial para a cura, não se pode pular etapas. Não subestime a dor: aceite-a, pois você foi machucado.

Libere seu ofensor. Abrir mão do desejo de vingança gera vontade de resolver o problema.

O apóstolo Paulo adverte que, embora o desejo do ofendido seja a vingança, é preciso deixar que a justiça seja feita por Deus: "Não vos vingueis a vós mesmos, amados, mas dai lugar à ira; porque está escrito: A mim me pertence a vingança; eu é que retribuirei, diz o Senhor" (Rm 12.19). Ainda que o outro não reconheça que errou e não tome a iniciativa de se reconciliar, confesse, compartilhe, peça desculpas, ore pelo outro, peça e estenda perdão.

Perdoar e pedir perdão, mesmo que você seja o ofendido, é o primeiro passo para resolver questões pendentes e evitar futuros problemas. A mudança precisa acontecer; alguém precisa mudar. A decisão, mais uma vez, é sua! Muitas pessoas vivem amarguradas, sem conseguir perdoar seu cônjuge por alguma atitude do passado. Problemas não resolvidos dão margem a interpretações, na maioria das vezes, equivocadas e podem alimentar mágoa e ódio, além de fazer crescer sentimentos de rejeição entre o casal. Quando uma pessoa não consegue perdoar, a maior prejudicada é ela mesma. O ressentimento age de forma negativa na saúde espiritual, emocional e física do indivíduo.

Dar e receber perdão não são atitudes tão fáceis como parecem, mas são necessárias quando o alvo é um casamento duradouro: "Suportai-vos uns aos outros, perdoai-vos mutuamente, caso alguém tenha motivo de queixa contra outrem. Assim como o Senhor vos perdoou, assim também perdoai vós" (Cl 3.13). Perdoar é um processo de cura em que o ofendido é capaz de se lembrar do episódio sem sofrer com essa lembrança. É como um machucado que deixou cicatriz mas não dói; ou como retirar uma queixa na delegacia. Não se trata apenas de dizer "Eu te perdoo", mas de não permitir que o problema alimente discussões futuras.

Alguns passos são importantes para o perdão: reconhecer o erro; estar sinceramente arrependido; pedir perdão primeiro a Deus e em seguida à pessoa envolvida; reparar os danos causados; e não repetir o erro. Não será simples nem fácil. E, mesmo após todo esse procedimento, ainda existe o risco de não receber o perdão. Não desista! Se o seu pedido foi sincero, sinta-se perdoado. Não permita que a culpa deixe você abatido. Deus está sempre disposto a nos perdoar quando nos colocamos diante dele com o coração contrito: "Se confessarmos os nossos pecados, ele é fiel e justo para nos perdoar os pecados e nos purificar de toda a injustiça" (1Jo 1.9).

A dificuldade para esquecer, o sentimento de fracasso, o orgulho e a desconfiança podem dificultar que o perdão seja concedido. Se você enfrenta algum desses obstáculos, peça a Deus que lhe dê forças para enfrentá-los: "Antes, sede uns para com os outros benignos, compassivos, perdoando-vos uns aos outros, como também Deus, em Cristo, vos perdoou" (Ef 4.32).

Não permita mal-entendidos com seu cônjuge. Resolvam todas as questões por meio de conversas carinhosas e amigáveis. Dialoguem sobre as mágoas, para que não se tornem feridas. E lembre-se: toda ação gera uma reação, que tem a mesma intensidade no sentido oposto, ou seja, contra você mesmo. Todo cristão deve procurar agir à imagem e à semelhança de Cristo. Ele diz: "Também de nenhum modo me lembrarei dos seus pecados e das suas iniquidades, para sempre" (Hb 10.17). Assim você deve agir em relação ao seu cônjuge: uma vez concedido o perdão, jamais torne a se lembrar do que foi resolvido. Essa é uma das maiores provas de amor que pode haver em um casamento.

Para refletir

Somos seres humanos passíveis de erros e acertos. Ninguém é infalível! Se, ao surgir um desentendimento com seu cônjuge, cada um defender o próprio ponto de vista, acreditando estar com a razão, considere perguntar-se: "Será que em todas as vezes estou mesmo certo?".

Um desafio para você

Busque em sua memória o que motivou as últimas desavenças entre você e seu cônjuge. Os motivos foram realmente relevantes a ponto de provocar o mal-estar entre vocês? Pense o que você poderia ter feito de modo diferente a fim de evitar o confronto.

Um desafio para você e seu cônjuge

Leiam 1Coríntios 13 juntos. Reflitam sobre as características do amor.

Oração a dois

Analisem quais são as principais situações que fazem a raiva brotar entre vocês. Escrevam aqui seus pedidos de oração quanto ao que fazer para evitar que esses problemas se tornem maiores do que o amor que os une. Orem juntos sobre o que escreveram.

8

Finanças no casamento

Grande parte dos problemas de relacionamento entre marido e mulher começa por excesso ou falta de dinheiro. No entanto, as finanças raramente se mostram como vilãs da história. Se não há dinheiro para um jantar romântico, o problema é percebido como ausência de romantismo; se falta dinheiro para renovar o guarda-roupa, é desleixo; se não há condição para levar as crianças ao parque, conclui-se que falta carinho. Essas situações encobrem um erro comum: a falta de habilidade para lidar com o dinheiro ou torná-lo suficiente.

Por outro lado, quando a renda do casal é maior, raramente os cônjuges chegam a um acordo sobre seus hábitos de consumo e a melhor maneira de administrar as finanças, o que também gera conflitos. O problema é que muitos casais não conversam sobre dinheiro de forma preventiva; só tocam no assunto quando a bomba já estourou, tornando a discussão praticamente inevitável.

Uma pesquisa feita com 150 pessoas casadas revela que 38% delas assumem brigar em casa por causa de dinheiro.

As principais razões apontadas são a escassez de recursos e as despesas excessivas do cônjuge. Os homens, em geral, discordam das decisões de compra das mulheres, enquanto elas questionam o modo como o marido aplica o dinheiro. É necessário chegar a um acordo, em parceria, sobre a administração da renda familiar. Conduzir bem o casamento requer habilidade e paciência.

Há um princípio importante que precisa nortear a administração financeira do lar: "Ao SENHOR pertence a terra e tudo o que nela se contém, o mundo e os que nele habitam" (Sl 24.1). Se tudo pertence a Deus, o dinheiro precisa ser administrado de maneira que agrade a ele. Quando se põe o Senhor em primeiro lugar, a alegria surge naturalmente, não pelos bens que Deus nos deu, mas porque sentimos a presença dele.

A falta de diálogo sobre dinheiro é prejudicial para as finanças da família. Mas só conversar não resolve o problema. O tema *dinheiro* deve estar ligado ao assunto *objetivos*. Talvez um dos cônjuges sonhe com uma viagem ao exterior, enquanto o outro deseja comprar a casa própria. Por isso, quando um não conhece os objetivos do outro, toda conquista é sempre acompanhada por uma contrapartida que envolve frustração. Há basicamente cinco perfis de pessoas no que se refere a maneiras de lidar com o dinheiro:

- *Poupadores.* Sabem que é importante economizar. Por isso, não se importam em restringir ao máximo os gastos atuais para poupar o que for possível, com o objetivo de conquistar a independência financeira. Nem sempre suas intenções são compreendidas. Frequentemente, são vistos como indivíduos mesquinhos ou avarentos. Pontos fortes: disciplina e capacidade de economizar. Pontos fracos: conformismo com um padrão de vida simples e resistência a novas experiências.

- *Gastadores*. Levam a vida como se o importante fosse viver bem hoje, pois o amanhã pode não existir. Gastam toda a renda e, às vezes, um pouco além. Gostam de ostentar: destacam-se pelas roupas caras e não se sentem incomodados em encarar um financiamento. Seu estilo de vida faz sucesso entre amigos. Pontos fortes: hábitos pouco rotineiros, abertura a novas tendências, muitos *hobbies*. Pontos fracos: insegurança em relação ao futuro, dependência extrema da estabilidade no emprego, aversão a controles financeiros, orçamentos e contas.
- *Descontrolados*. Não sabem quanto dinheiro entra ou quanto sai da conta. A cada mês, parece que o dinheiro dura menos. Usam com frequência o cheque especial ou pagam o cartão de crédito apenas parcialmente, por falta de fundos. Não há a menor chance de dedicarem um tempo à organização das finanças. Ponto forte: nenhum. Pontos fracos: indisciplina, propensão a conflitos, desorientação, gastos desnecessários com juros.
- *Desligados*. Gastam menos do que ganham, mas não sabem exatamente quanto. Poupam o que sobra, quando sobra. Se não restou dinheiro na conta, parcelam a compra. Quando chegam, os extratos bancários vão direto para a gaveta, sem sequer ser abertos. A fatura do cartão de crédito é uma surpresa todo mês. Pontos fortes: folgas financeiras e espaço para reduzir gastos, se necessário.

Pontos fracos: incapacidade de estipular e atingir objetivos, resistência a planos que exijam disciplina.

- *Financistas*. São rigorosos com o controle de gastos, no propósito de economizar. Nem sempre o objetivo é poupar. Às vezes, pretendem acumular para poder comprar mais pagando menos. Elaboram planilhas, andam com listas de compra no mercado. Entendem de investimentos, juros e inflação, e são procurados por amigos e parentes em busca de orientações. Pontos fortes: facilidade de desenvolver planos e colocá-los em prática, seleção crítica de investimentos, capacidade de empregar melhor o dinheiro. Pontos fracos: em geral, são boicotados pela família e pelos amigos, que não se conformam com tantas minúcias. Se não souberem se fazer entender, serão vistos como chatos.

Os problemas financeiros das famílias decorrem de decisões ou escolhas ruins. A culpa não é dos juros elevados, mas de um padrão de vida acima da renda familiar. Erramos por pura ingenuidade e vivemos um pesadelo que pode durar meses ou anos. Em geral, orçamento, planejamento financeiro, dinheiro e controle de gastos não fazem parte das conversas da maioria dos casais. Isso acontece com mais frequência nas famílias em que um dos cônjuges ganha muito mais do que o outro, ou é o único a trazer renda para casa.

Normalmente as famílias evoluem convivendo com falta de planejamento, pequenas brigas diárias em torno de dinheiro e rápidos ajustes do orçamento vinculados a eventuais aumentos na renda. Quando aumenta o salário, logo se encontra uma forma de utilizar a renda extra, seja adquirindo bens em prestações, seja trocando o automóvel ou comprando um terreno ou uma casa maior, por meio de financiamento.

Esse cenário poderia ser diferente com a adoção de um planejamento financeiro. Para formar uma poupança, as famílias adiariam por alguns meses a aquisição de certos bens. A escola e a faculdade dos filhos seriam pagas por uma poupança aberta exclusivamente com essa finalidade, em vez de consumir grande parte da renda dos pais.

Não é tão difícil aprender a planejar financeiramente, pois se trata de algo que não requer cálculos complexos nem grande habilidade com números ou calculadoras. Grande parte das pessoas falha na tentativa de pôr em prática essa regra por ter a tendência de relegar a área financeira a segundo plano ou mesmo pela simples falta de objetivos, prioridades e boa vontade. Afinal, controlar gastos e traçar estratégias não são atitudes tão prazerosas como comer, dormir, exercitar-se e fazer sexo.

A sedução pelo dinheiro é nociva. Se os objetivos de vida não forem claramente estabelecidos, será muito difícil abrir mão da possibilidade de adquirir um item de consumo — roupas de grife, carro do ano, novas tecnologias, eletrodomésticos, entre outros — se houver dinheiro disponível, pelo menos, para o pagamento da entrada. Mesmo para aqueles que se convencem da importância da formação de reservas monetárias, chega um momento em que o tamanho da poupança pode criar uma sensação de desconforto. A tendência, infelizmente, é gastar esse dinheiro.

O planejamento financeiro tem um objetivo muito maior do que simplesmente fugir do vermelho. Os maiores benefícios dessa prática serão notados alguns anos depois, quando a família estiver usufruindo da tranquilidade de poder garantir a faculdade dos filhos ou a moradia no padrão desejado. É importante ter em mente que não há propósito em guardar dinheiro tão somente para acumulá-lo. Dinheiro guardado não trará sensação de segurança se vocês não souberem definir o que é e quanto custa sentir-se seguros. Tampouco lhes dará prazer se não aprenderem a tirar alegria de cada momento da vida. Não lhes trará felicidade se não souberem o que é ser feliz.

O grande bem que o dinheiro pode lhes dar é permitir manter aquilo que vocês conquistam. Perder o que alcançamos significa deixar essa vida aos poucos, e da pior maneira. Poucas são as pessoas que, ao receber uma herança em bens, conseguem construir riqueza com eles, multiplicando-lhes o valor. Tenham em mente que o futuro de vocês e de seus filhos é consequência não só das decisões de hoje, mas também do que gastam no dia a dia.

PLANEJAMENTO ORÇAMENTÁRIO

Uma boa ou má escolha pode resultar tanto num futuro milionário quanto num total desastre financeiro. Nosso padrão de vida é escolhido quando definimos onde morar. Com base nessa escolha vêm os hábitos de consumo: eletrodomésticos, despesas com transporte (em razão da proximidade do local de trabalho), gastos ou economias com facilidades (garagem, quintal, área de lazer), pagamento de impostos e manutenção do *status* da vizinhança — preços diferenciados na padaria, na feira e no supermercado.

É preciso gastar de acordo com o que se ganha. De que adianta comprar um automóvel caríssimo se o seu salário não é suficiente para pagar o IPVA? Fazer escolhas com padrão acima de suas posses inviabilizará que se ponha dinheiro na poupança e aumentará o risco de gastos desnecessários com juros nos períodos em que a conta familiar entrar no vermelho. Dificuldades financeiras são escolhas pessoais. O casal decide tê-las quando ignora a importância do planejamento financeiro.

É importante lembrar que, após o casamento, os cônjuges passam a ter dois salários, administrados por duas cabeças diferentes. Imagine a dificuldade se cada um tiver os próprios objetivos financeiros, trabalhar com um orçamento diferente e decidir como investir seu dinheiro. Planos comuns jamais serão construídos de modo eficiente se tudo no relacionamento for dividido. Perde-se em eficiência, organização e resultados! Contas bancárias separadas são válidas se ambos trabalham e se veem obrigados a receber o salário por bancos diferentes. Mas, pelo menos, os investimentos devem ser concentrados, pois os fundos de investimento mais rentáveis estão disponíveis apenas para clientes com maiores quantias aplicadas. Além disso, ao manter contas separadas, é preciso pagar tarifas bancárias em dobro.

Qualquer casal pode fazer seu planejamento financeiro, dedicando alguns minutos por semana à reflexão sobre o futuro. É notório o fato de que, para enriquecer, é preciso aprender a gastar. A Bíblia alerta para essa questão: "Tesouro desejável e azeite há na casa do sábio, mas o homem insensato os desperdiça" (Pv 21.20). A riqueza não depende de quanto se ganha, mas sim de como se gasta. O ideal é conseguir, mesmo com renda baixa, construir com dignidade um padrão de vida saudável e feliz, com a consciência de que o casal poderá mantê-lo no futuro. Executivos que ganham rios de dinheiro geralmente gastam tudo para manter um nível de vida elevado e se veem à beira de um enfarte quando seu emprego é posto em risco.

São pontos essenciais no planejamento financeiro: controle de gastos; estabelecimento de metas; disciplina com investimentos; ajustes referentes à inflação e a mudanças na renda; administração do que se conquistou.

O primeiro passo para poupar é fazer sobrar dinheiro. A falta de recursos a serem poupados não resulta de grandes gastos do orçamento, mas de pequenas despesas que fogem do controle. Todos sabem quanto ganham e quanto pagam com aluguel, prestações, escola, transporte e mercado. Muitos, porém, se assustam no fim do mês, quando as contas entram no vermelho, porque os pequenos gastos diários com padaria, feira, presentes e banca de jornal, entre outros, se somam e estouram o orçamento.

Ponham no papel todos os gastos que vocês tiverem durante um mês. Sejam rigorosos, andem com uma folha de papel na carteira e anotem tudo, das gorjetas oferecidas ao flanelinha às moedas perdidas. Montem uma planilha com a relação de todos os tipos de gastos mensais. Percebam como é impressionante a soma dos valores que não relacionaríamos em nosso orçamento. Discutam juntos o que está em excesso e decidam o que pode ser cortado. Se, aparentemente, não há o que cortar, estabeleçam metas para a redução de despesas. Algumas não podem ser cortadas, mas certamente há "gordurinhas" nos gastos com supermercado, por exemplo. Não é tão complicado assim adotar medidas como apagar as luzes ao sair do ambiente, economizar água, e desligar o chuveiro antes de passar todos os cremes em todas as partes do corpo. Uma a uma, as economias serão pequenas, mas a soma final pode concretizar seu plano de independência financeira. Muitos casais reclamam das finanças, mas não saem do restaurante japonês.

O casal deve impor limites a cada tipo de gasto e segui-los com precisão. É preciso incluir nas planilhas a meta mensal de investimentos, não importa se optaram por um valor mensal ou por um percentual do salário. Paguem-se primeiro, isto é, poupem o valor mensal previsto assim que receberem o salário. Todas as demais contas devem se adequar ao projeto de independência financeira. O aluguel aumentou com a inflação? É hora de apertar os cintos, e não de comprometer o plano traçado.

Se o sonho de vocês é comprar um carro, vejam qual é a melhor opção de pagamento: poupar por alguns anos investindo esse dinheiro e, então, comprar à vista, ou adquirir agora o veículo, por meio de financiamento, e arcar com os juros? Assim, se nossos sonhos de consumo podem custar muito menos, temos de estabelecer, com antecedência, metas que viabilizem nossos projetos. Isso vale para aquisições de carros e propriedades, cursos, educação dos filhos, viagens, celebrações em família, reforma ou decoração da casa, presentes e outros tantos sonhos cujos gastos não cabem no orçamento mensal.

A sensação de riqueza se mede pelo estado de espírito, não pela conta bancária. É rico quem tem uma vida feliz, saúde para vivê-la e uma renda garantida. A felicidade se constrói com escolhas, inclusive do padrão de consumo que se deseja ter: "Quem confia nas suas riquezas cairá, mas os justos reverdecerão como a folhagem" (Pv 11.28). A riqueza com abundância financeira é algo que pode ser construído com um plano de objetivos. A fórmula da abundância financeira é simples: gastem menos do que vocês ganham e invistam a diferença. Depois, reinvistam o retorno até atingir uma massa crítica de capital que gere a renda que desejam para o restante da vida.

Se, de vez em quando, sobram recursos em conta corrente — como ao receber o décimo terceiro salário — não é pecado aproveitar esse bom momento e se dar o direito de alguns luxos. Não é errado gastar com férias, um novo *hobby*, um jantar romântico, uma poupança para troca de carro, um novo eletrodoméstico, uma peça diferente no guarda-roupa, um tratamento de beleza, e assim por diante. O casal deve decidir junto sua opção de luxo e, então, consumi-la sem culpa. Sejam felizes; afinal, o futuro de vocês está protegido!

Ao ler isso, você poderia questionar: "O discurso é muito bonito, mas como pouparemos e aproveitaremos os luxos da vida se estamos devendo a todo mundo?". Se o casal estiver com o saldo negativo no banco, a culpa é das decisões erradas que tomou nos últimos meses, talvez anos: entrar num financiamento de casa ou apartamento de padrão superior ao que a renda comportaria com folga; comprar mediante financiamento e não controlar as contas do mês; descuidar-se do saldo bancário e entrar no cheque especial; comprar presente caro em momento inadequado para o bolso.

Discutam suas escolhas recentes, mas não transformem essa discussão no foco do problema. Não adianta chorar sobre o leite derramado. Gastem as energias para resolver a questão, mas prometam um ao outro pensar duas vezes antes de repetir a despesa no futuro. Vocês devem fazer todos os esforços para pagar as dívidas no menor prazo possível. Se não quitarem de uma vez, em poucos meses os juros vão repor o que vocês pagaram. Mesmo que sua dívida seja fruto da má administração do dinheiro, apresentem seu problema a Deus. Ele quer ajudar seus filhos a se libertarem de todo tipo de angústia. O marido da viúva pobre de 2Reis 4 havia tomado muito dinheiro emprestado, e ela corria o risco de ver seus dois filhos serem levados como escravos. A viúva buscou a ajuda de Deus e ele a livrou da aflição.

> Certa mulher, das mulheres dos discípulos dos profetas, clamou a Eliseu, dizendo: Meu marido, teu servo, morreu; e tu sabes que ele temia ao SENHOR. É chegado o credor para levar os meus dois filhos para lhe serem escravos. Eliseu lhe perguntou: Que te hei de fazer? Dize-me que é o que tens em casa. Ela respondeu: Tua serva não tem nada em casa, senão uma botija de azeite. Então, disse ele: Vai, pede emprestadas vasilhas a todos os teus vizinhos; vasilhas vazias, não poucas. Então, entra, e fecha a porta sobre ti e sobre teus filhos, e deita o teu azeite em

> todas aquelas vasilhas; põe à parte a que estiver cheia. Partiu, pois, dele e fechou a porta sobre si e sobre seus filhos; estes lhe chegavam as vasilhas, e ela as enchia. Cheias as vasilhas, disse ela a um dos filhos: Chega-me, aqui, mais uma vasilha. Mas ele respondeu: Não há mais vasilha nenhuma. E o azeite parou. Então, foi ela e fez saber ao homem de Deus; ele disse: Vai, vende o azeite e paga a tua dívida; e, tu e teus filhos, vivei do resto.
>
> 2Reis 4.1-7

É claro que, além de orar, é preciso agir. Por isso, cortem drasticamente os gastos. Economizem energia, água e gás. Frequentem a feira em horário mais avançado, cortem supérfluos no mercado, proíbam a si mesmos gastar com lazer e roupas até que as contas estejam equilibradas. E não se esqueçam: assim que as dívidas forem quitadas, ponham em prática o plano de poupar.

Outro aspecto a ser considerado é a chegada do primeiro filho, evento que traz grandes mudanças à vida do casal — mudanças até mais significativas do que as que resultam do casamento. A responsabilidade dos pais em relação à sua vida profissional e familiar muda completamente, bem como as prioridades nos gastos da família. O tempo de lazer diminui drasticamente. Na verdade, o que muda é a natureza do lazer, uma vez que os hábitos se voltam muito mais para o lar. Os gastos com entretenimento são, naturalmente, substituídos pelas despesas com o bebê. O lar agora conta com mais uma pessoa a ser alimentada, vestida e abrigada. As despesas com mercado praticamente dobram, pois passam a incluir fraldas, produtos de higiene específicos e alimentos próprios para crianças. Aumentam os gastos com roupas, renovadas com frequência impressionante, sem contar os equipamentos de segurança, como carrinho de bebê e cadeirinha para o carro. É preciso acrescentar um novo plano de saúde ao orçamento. Para os pais que trabalham, há também a necessidade de contratar uma babá ou matricular o filho numa creche.

Em resumo, a chegada de um filho promove uma revolução no orçamento. Será possível abrir mão dos jantares a dois, dos programas com os amigos, das compras extras para satisfação pessoal? Claro que sim! Com uma vida nova em casa, surgem inúmeras oportunidades de curtir momentos únicos, que não custam nada e ao mesmo tempo não têm preço. A moeda mais valiosa dessa fase da vida é o tempo. Se deixarem simplesmente passar esses momentos, com a desculpa de haver muito trabalho (ou seja, estão correndo atrás do dinheiro), chegará o dia em que perceberão que dariam tudo para voltar atrás.

Um pouco de disciplina dos pais em relação ao dinheiro pode garantir, tranquilamente, a faculdade dos filhos. Pode-se ir mais longe: se os pais oferecerem uma boa educação financeira aos filhos e se estes conseguirem estudar sem usar essa poupança, estará garantida também a aposentadoria dos herdeiros, fora o que puderem construir com a própria renda. Uma vida sem preocupações financeiras! Há herança maior do que essa? Os filhos poderão escolher, com liberdade, a carreira que desejarem seguir, ao perceberem que há segurança para correr riscos. Pessoas que escolhem a profissão por paixão, e não pela necessidade de dinheiro, geralmente são aquelas que se destacam em sua área. Busquem seus sonhos e o dinheiro virá atrás.

O planejamento tem como objetivo principal a preparação para um futuro mais tranquilo. Um bom planejamento financeiro não eliminará os problemas de sua vida; afinal, imprevistos ocorrem. Risque da lista de possibilidades agiotas (nunca recorram a gente desse tipo para saldar outras dívidas), agências financeiras (são as vilãs legais do mercado financeiro), cartão de crédito (nunca pague o valor parcial da fatura; deve-se programar a quitação de contas para uma única data, após o recebimento do salário) e cheque especial (cuidado com a tentação que seu banco lhe oferece).

Uma das poucas coisas que podem impedi-los de prosperar é a sedução do dinheiro. Realmente, é difícil resistir ao consumo, já que somos bombardeados por apelos de *marketing* 24 horas por dia. Porém, a maioria de nossas ações de consumo decorre de escolhas. Limitar o orçamento doméstico não significa deixar de consumir, mas consumir dentro de limites. Sei que é difícil resistir à tentação de gastar, pois, de fato, gastar dinheiro traz um enorme prazer. Conheço pessoas que têm, no orçamento pessoal, um "fundo antidepressão": quando estão tristes, vão ao *shopping* gastar dinheiro.

Desejamos ter mais dinheiro para consumir e poder, digamos, renovar o guarda-roupa. Gastamos o pouco tempo que temos em consumo, porque todo o tempo restante é dedicado a saldar as despesas com esse mesmo consumo. Não há lógica! Deixem para depois as tardes de compras; invistam tempo em tardes de paixão. Momentos únicos a dois, abraços carinhosos dos filhos, beijos apaixonados e intermináveis, caminhadas por lugares desconhecidos e horas de paz sem fazer nada são prazeres simples. Nada custam, mas costumam ser ignorados.

No mínimo, a renda que parecia insuficiente passará a garantir uma poupança mensal. E a poupança mensal permitirá que, em breve, haja tempo tanto para consumir quanto para amar. Quando estiverem velhinhos e rodeados de netos curiosos, será que aquela bolsa de marca famosa fará diferença? Será que o conjunto novo de rodas para o carro os tornará mais felizes? O jantar num restaurante caro será lembrado com maior frequência do que uma boa noite de amor? Certa vez, comprei um pijama do Homem de Ferro, personagem de histórias em quadrinhos, simplesmente porque estava em promoção. Quantas vezes o usei? Nenhuma!

O consumismo e a busca por um padrão de vida que está além de nossas posses são o motivo do fracasso financeiro. Penso que os sonhos de consumo não devem ser abandonados, mas adiados até que se tenha reserva financeira suficiente para pagá-los sem risco.

Para refletir

Dívidas geram estresse e brigas. A comunicação entre o casal é a chave para evitar problemas financeiros. Reorganizem as prioridades, vivam de acordo com o orçamento e planejem apenas aquilo que é possível.

Um desafio para você

Anote todos os seus gastos mensais. Reescreva-os em ordem de real prioridade e repense a importância de cada um deles.

Um desafio para você e seu cônjuge

Façam cada um uma lista do que gostaria de adquirir, em ordem de preferência. Separem o primeiro item de cada lista e planejem a viabilidade da aquisição. Passem ao próximo item apenas quando os dois tiverem comprado o que era individualmente mais importante.

Oração a dois

Identifiquem quais são as despesas mensais que estão estourando o orçamento familiar. Escrevam aqui esses gastos, conversem sobre o que podem fazer para reduzi-los ou eliminá-los e orem juntos sobre o que escreveram.

9

A sexualidade do casal

Uma união envolve intimidade, cumplicidade e respeito. A fase do namoro acontece para que haja intimidade espiritual, mas no casamento a intimidade acontece também entre os corpos. No casamento tem de haver liberdade para que os cônjuges possam compartilhar, abrir o coração e se conhecer íntima, espiritual e emocionalmente. Eles não devem ter vergonha um do outro. O sexo é um presente de Deus para o casal. "Criou Deus, pois, o homem à sua imagem, à imagem de Deus o criou; homem e mulher os criou. E Deus os abençoou e lhes disse: Sede fecundos, multiplicai-vos, enchei a terra e sujeitai-a; dominai sobre os peixes do mar, sobre as aves dos céus e sobre todo animal que rasteja pela terra" (Gn 1.27-28).

Se o que duas pessoas têm em comum é apenas o impulso sexual, o relacionamento será sempre inadequado, pouco mais satisfatório do que o dos animais. E Cântico dos Cânticos mostra que, no ato do amor, deve haver prazer tanto para o homem quanto para a mulher. Muitas vezes, o sexo e o casamento são tidos como relações que se desenvolvem naturalmente, independentes um do outro, mas a prova de que isso não é verdade está na grande infelicidade em que vivem tantos casais. Ambos são responsáveis pela felicidade conjugal e não podem ser vistos separadamente. Deus criou a sexualidade para que dela desfrutássemos, pois faz parte de nossa humanidade. O sexo não surgiu após a Queda, mas foi incluído no plano de criação original da humanidade como fruto da boa, perfeita e agradável vontade do Senhor para as pessoas.

Os judeus do Antigo Testamento viam o ser humano como um ser completo. Não acreditavam que as pessoas eram constituídas de corpo e alma, como apregoa o dualismo dos gregos; ou corpo, alma e espírito, como cremos hoje. Os hebreus concebiam o ser humano como uma unidade. Aspectos físicos, emocionais e espirituais eram vistos como dimensões diversas de uma pessoa, usados como sinônimos ou elementos intercambiáveis. Logo no início da Bíblia, temos a descrição da experiência sexual humana, pois o texto afirma que o homem e a mulher se tornaram "uma só carne" (Gn 2.24). A expressão dá a entender que a fusão entre os cônjuges vai além de uma interação física entre dois corpos, pois inclui aqueles três aspectos. Constitui-se, então, um único e completo ser: "Por esta causa deixará o homem pai e mãe e se unirá a sua mulher, tornando-se os dois uma só carne" (Mt 19.5). O ato sexual não é apenas físico. Em certos momentos, o que se deseja é apenas um alívio sexual, e ambos se satisfazem mutuamente. Mas o ato pleno consiste numa entrega total, que envolve o intelecto, as emoções, o corpo, o espírito e a vontade.

No Novo Testamento, todas as passagens que tratam da relação sexual entre marido e mulher começam ou terminam com um mandamento: "Não vos priveis um ao outro" (1Co 7.5).

O amor é o princípio que guia o comportamento sexual na Nova Aliança. O amor entre os noivos não era uma exigência no Antigo Testamento, já que o casamento costumava relacionar-se ao comércio e, muitas vezes, fazia parte de alianças entre reinos e famílias. Isso não significa que não houvesse amor. Todos os heróis da fé viveram histórias de amor. Mas o Novo Testamento instituiu conceitos (Ef 5.25-28) que representaram uma novidade para o povo daquela época, uma vez que o amor como razão para o casamento não era um princípio que fizesse parte da cultura de então.

O sexo é apresentado na Bíblia não como um mero ato de procriação, realizado apenas em uma data específica do mês. Pelo contrário, o prazer é colocado como algo inerente à vida do casal, acima da própria reprodução:

> O marido conceda à esposa o que lhe é devido, e também, semelhantemente, a esposa, ao seu marido. A mulher não tem poder sobre o seu próprio corpo, e sim o marido; e também, semelhantemente, o marido não tem poder sobre o seu próprio corpo, e sim a mulher. Não vos priveis um ao outro, salvo talvez por mútuo consentimento, por algum tempo, para vos dedicardes à oração e, novamente, vos ajuntardes, para que Satanás não vos tente por causa da incontinência.
>
> 1Coríntios 7.3-5

> O meu amado é alvo e rosado, o mais distinguido entre dez mil. A sua cabeça é como o ouro mais apurado, os seus cabelos, cachos de palmeira, são pretos como o corvo. Os seus olhos são como os das pombas junto às correntes das águas, lavados em leite, postos em engaste. As suas faces são como um canteiro de

> bálsamo, como colinas de ervas aromáticas; os seus lábios são lírios que gotejam mirra preciosa; as suas mãos, cilindros de ouro, embutidos de jacintos; o seu ventre, como alvo marfim, coberto de safiras. As suas pernas, colunas de mármore, assentadas em bases de ouro puro; o seu aspecto, como o Líbano, esbelto como os cedros. O seu falar é muitíssimo doce; sim, ele é totalmente desejável. Tal é o meu amado, tal, o meu esposo, ó filhas de Jerusalém.
>
> Cântico dos Cânticos 5.10-16

Cântico dos Cânticos é uma coleção de poemas de amor, a maioria em forma de canções, que falam de romantismo, expectativa e prazer. Descreve o amor vivido por Salomão e uma de suas esposas, Sulamita, e demonstra a pureza e a santidade que devem caracterizar o casamento. Seus versículos esclarecem que o sexo foi criado por Deus para procriação e, também, para a satisfação do casal. A mensagem do Senhor é clara: entreguem-se um ao outro sem reservas e usufruam daquilo que foi aprovado por Deus. "Vocês que se amam, comam e bebam, até ficarem embriagados de amor!" (Ct 5.1, NTLH).

O casal precisa de momentos a sós para viver sua intimidade. Investir em períodos juntos em meio à vida agitada deve ser prioridade para manter viva a chama do amor que os conquistou. Invista em jantares românticos, uma viagem no fim de semana e outros passeios a dois. Considerem a situação das finanças domésticas e escolham a melhor opção de entretenimento, desde que saiam apenas os dois, sem filhos, preocupações ou distrações. Sulamita propôs a Salomão saírem da rotina: "Vêm, ó meu amado, saiamos ao campo, passemos as noites nas aldeias" (Ct 7.11). Procure fazer algo diferente com seu cônjuge e divirtam-se.

O prazer sexual faz parte do plano de Deus para o ser humano. A Bíblia ensina que o prazer não só é permitido, mas encorajado: "Seja bendito o teu manancial, e alegra-te com a mulher da tua mocidade, corça de amores e gazela graciosa. Saciem-te os seus seios em todo o tempo; e embriaga-te sempre com as suas carícias" (Pv 5.18-19). Há casais que fazem sexo como se fosse algo sujo, pecaminoso ou proibido do ponto de vista bíblico. Não há razão alguma para esse sentimento. Os casais mais satisfeitos são aqueles que conseguem atingir altos níveis de liberdade e prazer em sua intimidade. Deve-se, contudo, cuidar para que essa liberdade não dê lugar à perversão. Convide o Espírito Santo para reinar em seu relacionamento íntimo com o cônjuge. Os sentidos são grandes aliados na preparação de um clima sensual. Você e seu cônjuge devem estar sempre atentos para tudo aquilo que afeta os sentidos, seja negativamente, seja positivamente.

No aspecto visual, qual é o marido que gosta quando a esposa vai para a cama vestindo "shortão" e calcinha bege (aquela que "não marca a roupa porque é da cor da pele")? Calcinha bege não! Lembra as calçolas da vovó. Vamos fazer uma campanha: mandem *e-mails* para as lojas de *lingerie* pedindo a abolição das calcinhas bege! Esposa, opte por uma *lingerie* decente, um *baby-doll* que não seja vulgar e não se pareça com roupa de prostituta. Os homens também devem se preocupar com a aparência. Cueca sem elástico nunca! Procure usar sempre cuecas novas. Nunca chame a atenção de sua esposa sobre as celulites que apareceram e as mudanças que o tempo causou, pois, se houver espelho em sua casa, é provável que ela já as tenha notado. Lembre-se de que os homens também mudam e que alguns ficam tão gordos que a barriga parece um pula-pula!

Quanto ao sentido da audição, é importante falar de amor, fazer elogios, ser gentil e romântico. Essas atitudes ajudam a mulher a relaxar. Não adianta ser grosseiro e insensível durante o dia e aparecer à noite querendo festa. Ao final do ato sexual, é natural o homem querer saber a nota de seu desempenho, algo como uma avaliação. E aí vem a famosa pergunta: "Foi bom?".

O olfato é outro aspecto que pode acabar completamente com o interesse sexual. Suor, desodorante vencido, cabelo com cheiro de fritura ou mãos com cheiro de alho afastam qualquer um. Por outro lado, o perfume exagerado pode causar uma sessão de espirros e acabar com a noite. O mau hálito também é um grande empecilho. Não dá para comer mortadela e *pizza* de alho e depois querer um beijo!

PROBLEMAS SEXUAIS NO CASAMENTO

Se o impulso sexual é inerente à pessoa, por que há tantos conflitos e dificuldades entre casais quando o assunto é sexo? Vamos analisar as origens mais comuns de problemas conjugais relativos à intimidade.

Falta de conhecimento

Muitos cônjuges não sabem usufruir do prazer sexual com seu parceiro. Outros desconhecem a importância da intimidade sexual. Por outro lado, existem pessoas que têm vergonha de falar sobre o assunto, como se as reações físicas de seu corpo fossem anormais. O que falta é conhecimento de um sobre o outro.

Há pessoas que aprendem sobre a vida sexual por fragmentos adquiridos aqui e ali, um pouco por meio de livros, irmãos ou amigos. Ao entrarem no quarto, nem o homem nem a mulher dispõem de uma receita padrão que lhes garanta plena satisfação sexual. Os dois precisam aprender um sobre o outro e sobre si mesmos. O mais importante é que o casal compreenda os estímulos naturais do corpo; que um busque o prazer do outro, e não apenas o próprio deleite; que o marido tenha como objetivo conduzir a esposa ao orgasmo. Casais que se entendem sexualmente são mais felizes e levam uma vida mais leve.

Casais que aprenderam que o sexo é pecado relacionam-se como se estivessem pecando, sentem-se incomodados e carregam um peso desnecessário de culpa. Além disso, posturas como ira, mágoa, decepção e falta de perdão são obstáculos à sexualidade sadia, visto que a mulher se sente violada, e o homem, desinteressado.

Há ainda o caso de pessoas que tiveram experiências traumáticas com sexo, talvez porque a primeira vez não foi legal nem agradável. Não é raro o pai levar o filho para relacionar-se com prostitutas e, por isso, ele só consegue entrar no clima com perversões. Como não foi acostumado a associar afeto e amor ao sexo, só se sente excitado se utilizar pornografia ou realizar fantasias — como sadomasoquismo, troca de casais, bissexualismo e masturbação. E, quando falamos de traumas associados à sexualidade, não podemos nos esquecer de pessoas que sofreram abuso sexual na infância ou na adolescência, pois essa experiência gera sentimentos de inferioridade, intimidação, vergonha do próprio corpo e baixa autoestima.

Ansiedade

O medo do fracasso pode gerar no homem dificuldades de ereção. Além disso, após os 40 anos, a produção de testosterona diminui gradativamente. Outras consequências da ansiedade sexual masculina são a ejaculação precoce e o medo de não satisfazer a esposa. Sempre que há algum tipo de receio na hora do ato sexual, o organismo tende a se retrair; isso é um fato fisiológico. O sistema nervoso não permite que haja prazer e medo ao mesmo tempo. Na iminência do fracasso, o corpo tende a substituir a falta de prazer pelo medo e, quanto mais medo, maior o fracasso. A ansiedade pode vir, ainda, com a exigência de um bom desempenho: se a pessoa entrar no ato sexual preocupada em "mostrar serviço", essa demanda acaba inviabilizando o prazer.

Rejeição

Pessoas que viveram um relacionamento fracassado poderão rejeitar o novo companheiro, que passa a ser visto como uma "segunda opção" ou "segunda alternativa". O sentimento é de que o cônjuge nunca estará à altura das expectativas, pois sempre haverá comparação com o antigo relacionamento. É óbvio que, se um rejeita o outro, esse casal não vai se dar bem na cama. Qualquer que seja a causa da rejeição, a história terminará em discórdia.

Outro problema relacionado à rejeição é o desrespeito. Há casos em que o marido não está bem profissionalmente e a esposa passa a compará-lo com outros homens. Ela começa a ter tempo para tudo, menos para o marido; sempre diz que está cansada e, quando faz sexo com o esposo, parece que está prestando um favor. Isso é muito grave, pois, para o homem, a rejeição é equivalente ao sentimento da mulher ao ser traída. Além disso, ninguém quer fazer amor com uma boneca de pano ou uma porta!

Para refletir

A Bíblia diz: "Esposas, sede submissas ao próprio marido, como convém no Senhor. Maridos, amai vossa esposa e não a trateis com amargura" (Cl 3.18-19). Quando a mulher se sente amada, a submissão é voluntária e seu amor é recíproco. Por isso, não foi necessário a Deus dizer para a mulher amar o marido. Em contrapartida, a submissão da mulher faz o amor do homem crescer. É como uma bola de neve em que o amor aumenta a cada gesto!

Um desafio para você

Pense nas vezes em que você negou um carinho a seu cônjuge e foi ríspido com ele. Peça a Deus autocontrole para não magoá-lo novamente. Ponha-se no lugar do outro e responda: Você dá motivos para seu cônjuge querer voltar para casa?

Um desafio para você e seu cônjuge

Faça elogios a seu cônjuge ao longo do dia e prepare algo especial (um poema, uma flor, um cartão...). Demonstre quanto ele é importante para você.

Oração a dois

Não se envergonhem de falar com Deus sobre a vida íntima de vocês. Deus também se interessa por ela, pois o sexo faz parte do plano divino para o casamento e a intimidade é fundamental para o bom relacionamento do casal. Escrevam aqui os problemas que existem em sua vida sexual e orem juntos a fim de que haja solução para aquilo que escreveram.

Conclusão

O dia do casamento é inesquecível! É uma data única, marcada por uma sensação de alegria e, até mesmo, euforia. Tudo fica registrado na lembrança dos noivos para sempre. Mas a cerimônia passa, a lua de mel acaba e todo aquele encantamento dá lugar à rotina. A vida continua e as contas chegam, os horários precisam ser cumpridos, os filhos dão trabalho, a casa exige cuidados... Parece que o peso do matrimônio aumenta e as urgências do dia a dia exigem cada vez mais dos cônjuges.

Não há nada de errado com a rotina, desde que haja esforço para manter a vida espiritual e emocional estável, permeada por alegrias e conquistas. O convívio diário requer equilíbrio entre as expectativas e a realidade. A fim de evitar frustrações e mágoas, não se deve querer do parceiro algo que ele ainda não é capaz de oferecer.

Se marido e esposa entendem corretamente o que é o matrimônio e, assim, respeitam os diferentes interesses e sonhos um do outro, a chance de o casamento ser bem-sucedido aumenta. Esse processo exige compreensão da vontade de Deus para a união e conduz à maturidade conjugal. A boa convivência entre o casal inclui conhecer as particularidades do companheiro, assumir as funções que Deus confiou ao homem e à mulher no lar, e lidar de maneira sábia com as finanças. É necessário, também, deixar para trás o que passou, pois a mágoa e a amargura não permitem perceber a presença e a ação abençoadora do Senhor no tempo atual e nas possibilidades para o futuro. Não permita que fantasmas do passado prejudiquem o seu relacionamento hoje.

Busque em Deus ajuda para lidar de maneira sábia com todas as etapas do relacionamento conjugal. O único modo de manter uma família estruturada é buscando a sabedoria que vem do Senhor: "O temor do SENHOR é o princípio do saber, mas os loucos desprezam a sabedoria e o ensino" (Pv 1.7). É preciso estudar a Palavra de Deus, entender os princípios nela estabelecidos e aplicá-los — são atitudes que geram benefícios eternos. Além disso, os ouvidos de um filho disposto a aprender precisam estar atentos:

> Filho meu, se aceitares as minhas palavras e esconderes contigo os meus mandamentos, para fazeres atento à sabedoria o teu ouvido e para inclinares o coração ao entendimento, e, se clamares por inteligência, e por entendimento alçares a voz, se buscares a sabedoria como a prata e como a tesouros escondidos a procurares, então, entenderás o temor do SENHOR e acharás o conhecimento de Deus. Porque o SENHOR dá a sabedoria, e da sua boca vem a inteligência e o entendimento. Ele reserva a verdadeira sabedoria para os retos; é escudo para os que caminham na sinceridade, guarda as veredas do juízo e conserva o caminho dos seus santos.
>
> Provérbios 2.1-8

Deus valoriza muito o casamento, um pacto que simboliza seu relacionamento com o povo escolhido: o Senhor se apresenta como noivo e mostra a Igreja como noiva, desejoso de tornar-se um com ela por meio de uma união indissolúvel e eterna. Dessa forma, quando o marido, a esposa e Deus se unem numa aliança espiritual, forma-se um cordão de três dobras, que não rebenta com facilidade: o casamento torna-se resistente às investidas de Satanás e as dificuldades são superadas com o mínimo de dano à saúde familiar.

Ainda que seu casamento pareça prestes a naufragar, ainda que você acredite que não alcançará seu objetivo, que sinta medo e a incerteza tome conta de você, saiba que vale a pena dedicar tempo a esse que é o maior empreendimento na vida de um homem e de uma mulher, a maior herança que um ser humano pode conquistar.

É possível reverter o caos. Nada é impossível para Deus! Mediante o perdão sincero, orações e jejum, o amor pode ser reacendido e a aliança, renovada. Deus oferece solução para todo problema; ele livra da culpa, sara a alma, renova a mente, restaura a vida e dá paz. Viva a mesma certeza de Jó: “Bem sei que tudo podes, e nenhum dos teus planos pode ser frustrado” (Jó 42.2).

Josué recebeu o desafio de substituir Moisés na liderança de um povo murmurador. Deus o consolou, fortaleceu e prometeu estar ao lado dele em todos os lugares, batalhas e decisões: “Sê forte e corajoso; não temas, nem te espantes, porque o Senhor, teu Deus, é contigo por onde quer que andares” (Js 1.9). Promessa semelhante existe para todos os que creem no Senhor. Entregue sua vida e suas necessidades a Deus, pois só o Todo-poderoso é capaz de cuidar do seu casamento. Jesus nos encoraja a prosseguir, pois ele venceu o mundo (Jo 16.33).

A família é nosso maior tesouro. É a base para que sejamos bem-sucedidos em todas as outras áreas da vida. Pode ser que sua base esteja abalada e restem apenas escombros. Mas, se você estiver disposto a firmar seu casamento em Cristo, a Palavra de Deus atesta que sua vida conjugal será como uma casa construída na rocha, que permanece firme apesar das dificuldades e dos temporais. Faça de Cristo o alicerce sobre o qual você constrói seu casamento.

Na época em que fugia das investidas de Saul, certa vez o rei Davi, ao retornar para a aldeia em que estava sua família, encontrou a cidade queimada. Os amalequitas destruíram tudo e levaram cativos as esposas, os filhos e as filhas. "Então, Davi e o povo que se achava com ele ergueram a voz e choraram, até não terem mais forças para chorar" (1Sm 30.4). Até mesmo seus homens voltaram-se contra ele. Davi não desistiu de sua família, mas pôs-se a orar e perguntou ao Senhor se deveria ir atrás dos invasores. Toda a trajetória de Davi é marcada pela submissão a Deus. A cada novo confronto, ele se preocupava em ouvir do Senhor a confirmação de que deveria enfrentar os inimigos.

De igual modo ocorre conosco. Quando um casal põe Deus em primeiro lugar no casamento, o Senhor indica a maneira correta de administrar a família, criar os filhos, superar as crises e preservar o leito sem mácula. Com Deus, a felicidade é experimentada de maneira sublime.

É importante frisar que Davi não aceitou passivamente a derrota sobre sua família. Deus ordenou que ele lutasse e reconquistasse o que era seu. Ele venceu e viu sua casa restaurada: "Não lhes faltou coisa alguma, nem pequena nem grande, nem os filhos, nem as filhas, nem o despojo, nada do que lhes haviam tomado: tudo Davi tornou a trazer" (1Sm 30.19). Você pode fazer o mesmo! Entregue sua causa a Deus! Ore por sua família, busque a orientação do Senhor, peça a ele a melhor estratégia! Surpreenda seu cônjuge! Ame-o com todas as suas forças, sem vergonha de expressar seus sentimentos!

Lute pelo bem de sua família. Ela é seu maior patrimônio!

Oração Final

Pai, muito obrigado porque nos mostras o caminho para um casamento feliz e sólido, que dura por toda a vida. Ajuda-nos a manter sempre nossa aliança e apara todas as arestas que porventura existam em nosso relacionamento. Abençoa nossa família e protege-nos de todo ataque elaborado para desestabilizar nossa unidade e nosso amor. Renova a cada dia teu pacto conosco, para que nosso matrimônio sirva a teus propósitos e, com isso, se fortaleça a cada dia. Agradecemos tudo o que tens feito em nosso meio e pedimos que sigas conduzindo cada um de nós por tua mão. Em nome de Jesus. Amém!

Referências bibliográficas

CERBASI, Gustavo. *Casais inteligentes enriquecem juntos: finanças para casais.* 3. ed. São Paulo: Gente, 2013.

CHAMPLIN, Russel Norman. *O Antigo Testamento interpretado*. São Paulo: Hagnos, 2003.

______. *O Novo Testamento interpretado*. São Paulo: Hagnos, 2003.

HARLEY JR., Willard F. *Ela precisa, ele deseja: o que o homem e a mulher precisam saber para suprir as necessidades emocionais um do outro no casamento*. 2. ed. São Paulo: Candeia, 2007.

LAHAYE, Tim. *Temperamento controlado pelo Espírito*. São Paulo: Edições Loyola, 1974.

MERKH, David J.; MERKH, Carol Sue. *Construindo um lar cristão: estabelecendo alicerces*. São Paulo: Hagnos, 2013.

PENTECOST, J. Dwight. *Manual de escatologia: uma análise detalhada dos eventos futuros*. São Paulo: Vida, 1975.

Sobre o autor

Rinaldo Luiz de Seixas Pereira é líder e fundador da Igreja Bola de Neve. Criou o Instituto Global de Ensino Teológico, que forma líderes, missionários e pastores. Tem como objetivo de vida conectar as próximas gerações ao coração de Deus. Casado com a pastora Denise de Seixas Pereira, é pai de Nathan, Rinaldo Neto, Raquel e Renan.

Compartilhe suas impressões de leitura escrevendo para:
opiniao-do-leitor@mundocristao.com.br
Acesse nosso *site*: www.mundocristao.com.br.

Equipe MC	Maurício Zágari (editor)
	Natália Custódio
Projeto gráfico:	Sonia Peticov
Diagramação:	Luciana Di Iorio
Preparação:	Luciana Chagas
Revisão:	Josemar de Souza Pinto
Fonte:	Bembo
Gráfica:	Assahi
Papel:	Pólen Soft 70 g/m² (miolo)
	Cartão 250 g/m² (capa)